无知的力量

不确定性与
精准决策

[英] 戴夫·特罗特 Dave Trott 著

高李义 译

中国科学技术出版社

·北京·

The Power of Ignorance: How creative solutions emerge when we admit what we don't know by Dave Trott

Copyright © Dave Trott

Originally published in the UK by Harriman House Ltd in 2021, www.harriman-house.com

北京市版权局著作权合同登记　图字：01-2022-0623。

图书在版编目（CIP）数据

无知的力量：不确定性与精准决策 /（英）戴夫·特罗特著；高李义译 . — 北京：中国科学技术出版社，2022.7（2024.5重印）

书名原文：The Power of Ignorance: How creative solutions emerge when we admit what we don't know

ISBN 978-7-5046-9583-3

Ⅰ . ①无… Ⅱ . ①戴… ②高… Ⅲ . ①管理决策 Ⅳ . ① C934

中国版本图书馆 CIP 数据核字（2022）第 085969 号

策划编辑	申永刚　刘　畅	责任编辑	申永刚
封面设计	东合社·安宁	版式设计	蚂蚁设计
责任校对	焦　宁	责任印制	李晓霖

出　　版	中国科学技术出版社
发　　行	中国科学技术出版社有限公司发行部
地　　址	北京市海淀区中关村南大街 16 号
邮　　编	100081
发行电话	010-62173865
传　　真	010-62173081
网　　址	http://www.cspbooks.com.cn

开　　本	880mm×1230mm　1/32
字　　数	165 千字
印　　张	8.5
版　　次	2022 年 7 月第 1 版
印　　次	2024 年 5 月第 2 次印刷
印　　刷	德富泰（唐山）印务有限公司
书　　号	ISBN 978-7-5046-9583-3/C·201
定　　价	58.00 元

（凡购买本社图书，如有缺页、倒页、脱页者，本社发行部负责调换）

序言

我从故事中学到的东西总是比我从讲座中学到的要多。

这本书是为像我这样的人写的。

有一个故事说的是一名学习佛教的学生到山里去见一位年长的佛教大师。

学生希望向大师学习，当茶端上来的时候，他们盘腿坐在地板上。

学生很紧张，他想用自己掌握的知识给大师留下深刻印象。

他开始告诉大师自己知道的关于佛教的一切。

大师开始往学生的杯子里倒茶。

学生说起他读过的所有书籍以及他研究过的每一位名师。

大师继续往学生的杯子里倒茶。

学生说起他造访过的每一座寺院；当他的杯子快要装满时，他开始紧张起来。

大师继续往杯子里倒茶。

学生谈论着自己尝试过的各种冥想方式，他的语速越来越快，但他的眼睛无法从此刻茶已经满至边缘的杯子上移开。

大师继续倒茶，杯子里的茶水溢了出来。

大师继续倒茶，茶水流过桌面，流到了地板上。

学生喊道："停，停，你为什么还在倒？杯子已经满了，不能再装了。"

大师说："你的头脑就像这只杯子——它太满了，没有空间容纳其他任何东西。就像这只杯子，你必须先清空你的头脑，才能接受新的东西。"

这是我们大多数人都存在的问题。

我们不敢放弃我们知道的东西，我们获得知识并紧紧抓住它不放，因此我们永远无法学到任何新的东西。

正如阿德莱·尤因·史蒂文森二世❶（Adlai Ewing Stevenson Ⅱ）所说："大多数人在解决每一个问题时全凭一张嘴。"

我们认为我们必须首先找到解决方案。

我们认为知识就是力量，无知就是弱点。

但这一切实际上都是为了我们从现有的选项中找到一个解决方案，而我们从来没有学到任何新的东西。

我们从来没有学到任何新的东西，因为我们从来不问问题。

我们从来不问问题，因为我们害怕说"我不知道"。

我们从来不说"我不知道"，所以我们永远无法发现任何新

---

❶ 阿德莱·尤因·史蒂文森二世（1900—1965），美国政治家，以其辩论技巧闻名。——译者注

的东西。

我们的杯子已经满到溢出来了。

苏格拉底曾与美诺❶（Meno）讨论过，美诺认为自己强有力的观点会为他赢得这场辩论。

苏格拉底说："我比这个人有智慧，因为我们似乎都不知道什么伟大和美好的事情，但他却以为自己知道些什么，尽管他一无所知；而我呢，因为我一无所知，所以我不认为我知道些什么。因此，在这件小事上，我似乎比他更有智慧，因为我不认为我知道自己不知道的事情。"

老子说得更加简单："知不知，上；不知知，病。"

这两个人所说的话都与解决问题的方法有关。

实际上，知识中有弱点，而无知中有力量。这一说法与传统观念相反。

无知，如果能与好奇心结合在一起正确使用，能够让我们发现我们不知道的事情。

这种新知识让我们能够提出新的解决方案。

固守现有知识的人无法发现这种新的解决方案。

本书全部内容都是关于问问题，因为提问能激发创造力。

---

❶ 在历史记录中，美诺被描述成一位奸诈、渴求财富和极度自信的年轻人。——译者注

把无知当作火炬，去发现别人没有注意到的东西。

因为无知加上好奇，就会产生别人不会问的问题。

例如这样的问题：为什么可口可乐无法将可乐卖到俄罗斯，而百事可乐可以？

IBM公司（International Business Machines Corporation）如何在经济萧条时期建立起世界上最大的计算机公司？

一个精神疾病患者和杀人犯怎么能够成为英语的拯救者[1]？

如何把玻璃器皿卖给那些已经拥有全部所需玻璃器皿的人？

乔治·华盛顿（George Washington）是如何被朋友们用太多的知识杀死的？

为何Uber（优步）的竞争对手试图扼杀它，反而成就了它？

一位专家是如何创造出大多数人都相信却错误的密码安全规则的？

迪士尼是如何以及为何创造"旅鼠神话"的？

世界上最聪明、最有名的人是如何以及为何损失数十亿美元的？

如何利用"没有品牌"这一概念打造一个优质品牌？

---

[1] 威廉·切斯特·迈纳（W.C.Minor）是一名精神疾病患者，并犯有杀人罪，但他在医院中投入《牛津英语词典》的编纂工作，为《牛津英语词典》的编纂工作作出了重要贡献。——编者注

我们的头脑就像那个学生的杯子。

我们得先把杯子清空，才能把新的东西放进去。

我们就是这样利用无知的——将其作为清空杯子的工具，以便我们用新的知识来装满它。

无知加上好奇心是所有新知识的起点。

如果使用得当，无知将是我们的秘密武器。

目录

第三部分
无知是一种秘密武器　069

第六部分
我们可以治愈无知，但我们无法治愈愚蠢　159

无知的
力量
不确定性与精准决策

第一部分

那些你不知道
自己不知道的事

答案也可以提出问题

1942年，英国在大西洋海战（Battle of the Atlantic）中节节败退，这意味着他们正在输掉这场与德国的战争。

英国海军做好了尝试一切的准备。

其中一个孤注一掷的举动是尝试战争游戏。

能够为一支名为西部近海区战术小队（Western Approaches Tactical Unit, WATU）的小组抽调的全部兵力只有一位退役海军军官和八名年轻的皇家海军女子服务队（Women's Royal Naval Service）队员。

年轻的皇家海军女子服务队队员们对反潜作战自然是一无所知。

这意味着她们有很多问题。

对于处理任何难题而言，提问总是一个很好的开始。

问：受到攻击的船只在护航舰队中处于什么位置？

答：通常处于中心位置。

问：护航舰队的防卫圈规模有多大？

答：大约8平方英里❶。

问：鱼雷的射程是多少？

答：大约2英里。

结论：德军的U型潜艇一定是从护航的舰队防卫圈内部发起攻击的。鱼雷不可能从舰队外侧到达中心。

问：护航舰队的航速是多少？

答：大约10节❷。

问：U型潜艇的航速是多少？

答：水面航速16节，水下航速6节。

结论：U型潜艇是在水面发动攻击的，它们在水下的速度太慢。

问：U型潜艇重新装填鱼雷需要多久？

答：大约半小时。

问：它们会在水面上这样做吗？

答：不，它们会下潜。

结论：在一次攻击过后，U型潜艇会下潜并重新填装鱼雷，因此，它们会被护航舰队甩在身后，不得不浮出水面进行追赶。

在不得不回答皇家海军女子服务队队员们的问题时，这位海军

---

❶ 1 英里 ≈1.61 千米。——译者注

❷ 速度单位，1 节 =1 海里 / 小时 =1.852 千米 / 小时。——译者注

军官必须像U型潜艇指挥官那样思考，而这是第一次有人这样做。

他们没有在第一艘船爆炸后表现得火急火燎，而是意识到驱逐舰在U型潜艇重新装填鱼雷时有一些时间对其进行定位。

他们可以让护航舰队继续前进，并在舰队离开之后搜索正在重新装填鱼雷的U型潜艇。

由于U型潜艇在水下的速度较慢，驱逐舰可以使用声呐对它们进行定位。

但首先他们必须向负责的海军上将证明这一点，所以他们使用了一个战争游戏。

英国海军上将马克思·肯尼迪·霍顿（Max Kennedy Horton）曾经是一名潜艇艇员。他扮演了一艘U型潜艇艇长的角色。

他五次模拟攻击护航舰队，五次被他看不见的对手用这些新战术击沉。

他要求把他甚至未曾谋面的对手介绍给自己。

他的对手是一名皇家海军女子服务队队员，18岁的珍妮特·奥克尔（Janet Okell），她一直在帮助设计这些新战术。

海军上将被说服了，这些战术真正开始用于大西洋海战中，用来击沉U型潜艇。

经过扩编的西部近海区战术小队有8名男性军官和36名皇家海军女子服务队官兵。

战争期间，他们培训了5000名进行反潜作战的海军军官。

到大西洋海战结束时，75%的U型潜艇被击毁。

他们发现，提出新问题的价值在于你想出新答案。

如果没有训练这些皇家海军女子服务队队员，这一切就不会发生。

提出以前没有被提出过的问题并不愚蠢，事实上，此举帮助英国赢得了大西洋海战。

⑪ 利基市场①的力量

在美国女演员格温妮斯·帕特洛（Gwyneth Paltrow）的网站上，你可以买到一支标有如下内容的蜡烛：**闻起来像我的隐私部位**，只需75美元。

网络媒体一片哗然，网民们在震惊的同时不免觉得荒唐可笑。

这种蜡烛上架销售仅数日就被一抢而空。

不要紧，如果你没来得及买，你仍然可以买一枚她的生活用品。

它们是由玉石制成的，每枚只需60美元。

同样，当它们第一次上架销售时，她在印刷媒体和电视上遭

---

① 利基市场（Niche market）是在较大的细分市场中具有相似兴趣或需求的一小群顾客所占有的市场空间。——译者注

到了无情的嘲笑。

但是，如果你不喜欢，还有她的熏蒸疗法。

你坐在泡有艾草的熏蒸器皿上，感受着蒸汽的疗效。

媒体再一次惊骇不已，对此表示不屑和不相信。

帕特洛在世界各地的杂志和电视访谈节目中就此接受了采访。

有趣的是，她创立的商业品牌Goop几乎不做广告，但这一品牌却是世界上最知名和最为人津津乐道的品牌之一。

该网站每月有240万访问者，每周有多达60万的听众收听播客和一个奈飞（Netflix）系列节目。

每当这一品牌需要一些宣传时，帕特洛只需要发布一个关于一款隐私部位相关产品的故事，媒体就会为之疯狂。

她得到的免费报道本将花费数亿美元。

《纽约时报》（*The New York Times*）表示："Goop越古怪，人们就越高兴。每当有关于她或她的品牌的负面报道出现，都只会给该网站带来更多的流量。"

帕特洛对哈佛大学的一个班级的学生说："我所做的是制造一场文化风暴，而且我可以将这些关注变现。"

作为众多嘲笑的焦点，Goop现在的品牌价值已经达到了2.5亿美元。

帕特洛瞄准了大众媒体的对立面。她的目标顾客是那些自认为自信、独立、有眼光的女人——有钱的女人。

当大众媒体被震惊时，她只是挑起了另一场广告宣传活动。

显然，Goop并不是靠争议产品赚钱。

但它确实因此得到了铺天盖地的宣传。

在广告中，争议产品相当于零售业中为吸引顾客而低价出售的商品，用于招揽顾客进店购买其他产品。

比如：3900美元的耳环、790美元的裤子、1395美元的连身裤、860美元的靴子、145美元的T恤、4775美元的手镯，以及650美元的鞋子。

这些东西能赚钱，但没有一样能吸引媒体的关注。

她试过销售27美元的"通灵吸血鬼驱除剂"、85美元一袋的宝石，但这些东西都没有吸引这么多的免费宣传。

因为它们都没有引起人们的震惊，而Goop需要这种震惊作为争议的燃料。

这就是其中真正的答案。

在我们认为的利基市场中有大把钞票可赚。

我记得当萨奇广告公司（Saatchi & Saatchi）还是英国最大的广告公司之一的时候，它只占2%的市场份额，换句话说，每当有一个人想要它，就有49个人不想要它。

它让我们了解了利基市场的力量。

一旦你找到了自己的利基市场，你就可以直接拒绝其他任何细分市场。

就像萨奇广告公司一样，你不需要100%的人觉得你平淡无奇。

你需要2%的人喜爱你，即使这意味着98%的人讨厌你。

通过专注于她的利基市场，帕特洛在几乎没有花钱做广告的情况下创立了一个价值2.5亿美元的品牌。

这一成果是通过使不喜欢这一品牌的那些人感到震惊而取得的。

重要的不是起点，而是终点

发明链锯是用来砍树的，对吗？

错了，发明链锯是用来帮助女性分娩的。

但这怎么可能呢？

直到两百年前，分娩对于母亲来说都不是一件愉快的事。

尤其是不管出于什么原因，胎儿无法顺利通过母亲的产道。

当时的主要医疗工具是刀、锯、凿子和木槌。

如果胎儿太大，或头部转向错误的方向，骨盆就必须被扩大。

这需要切开骨骼和软骨，而且很疼（因为当时没有麻醉）。

这个过程被称为耻骨联合切开术：耻骨联合必须被切开，以使骨盆出口扩大。

这是一个十分棘手的手术，以至于两位苏格兰医生各自发明了一种工具来提高手术效率。

他们发明了链锯。

链锯是一种带手摇锯齿链的工具。

1783年，约翰·艾特肯（John Aitken）在《助产术原理及产后医学》（*Principles of Midwifery, or Puerperal Medicine*）一书中用图片的方式对他的装置进行了说明。

1790年，詹姆斯·杰弗里（James Jeffray）开发出了他自己的版本，并在《坏死关节切除案例》（*Cases of the Excision of Carious Joints*）一书中对其进行了描述。

他们的链锯改进了外科医生所用的锯子，外科医生所用的锯子必须在产妇分开双腿的情况下插入产道来回拉动。

至少，有了链锯，外科医生只是将它放置在需要的位置，然后转动曲柄。

显然，根据连续运动优于往复运动这一原则，链锯对产妇而言更好，它同时也是对能量的更有效利用。

1905年，塞缪尔·J.本斯（Samuel J. Bens）发现了这一点并将链锯用于他正在砍伐的巨型红杉上。

当人们来回锯的时候，每锯一下都必须停下来，反方向再锯，这一做法十分浪费能量。

但链锯只朝一个方向运动，不会有能量被浪费。

他的"无尽链锯"获得了美国专利，专利号780476。

将手术链锯扩大到砍伐树木的链锯尺寸意味着它们既庞大又

笨重，而且仍然需要手动操作。

因此，在1926年，安德烈亚斯·斯蒂尔（Andreas Stihl）发明了电锯；1929年，他又开发出了汽油链锯。

在20世纪50年代，链锯变得更小巧、更便携，一个人就可以独立操作。

今天，如果你告诉人们链锯的起源，大多数人都不会相信。

但想法就是这样。

一个想法不会在刚刚出现时就完全成形，并从此一成不变。

一个想法会被改变、改进并用于新的目的。

这就是纯数学和应用数学之间的区别，也是纯艺术和应用艺术之间的区别。

一个人取得一项发现，另一个人致力于将这一发现用来做些什么。

我们通常不是从零开始发明某样东西，而是为一个已经存在的想法找到新的用途。

最初的创新者在创造它的时候甚至都没有发现它的某种新用途。

这就是创造力在各个递增阶段起作用的方式，创造力为每个不断进步的阶段都开创了一个全新的发展前景。

正如电影导演让-吕克·戈达尔（Jean-Luc Godard）所说：

"重要的不是你从何处拿来某样东西，重要的是你把它带往何处。"

又如出色的广告艺术总监赫尔穆特·克朗（Helmut Krone）

所说："**你首先要做的是发起变革，然后再决定变革的目的。**"

🉑 如何通过屈服制胜

在史蒂夫·乔布斯（Steve Jobs）重返苹果公司时，他最明智的举动就是慧眼识英雄，发现了乔纳森·伊夫（Jonathan Ive）。

伊夫当时正要离职，乔布斯说服他留下。

随后，伊夫设计了苹果一体机（iMac）、苹果多媒体播放器（iPod）、苹果手机（iPhone）和苹果平板电脑（iPad）等产品。

每一个设计都是开创性的。

但伊夫坦承，他的灵感来自另一位设计师：迪特·拉姆斯（Dieter Rams）。

当你将伊夫的设计与拉姆斯的设计进行比较时，你可以清楚地看到后者对前者的影响。

迪特·拉姆斯在1955年加入博朗（Braun）公司，由此开始了他的设计师生涯。

在随后的40年里，他彻底改变了家用电器的设计：从收音机到厨房搅拌器，从唱片机到电动剃须刀，从手表到电视机。

如今，从伦敦、纽约到东京，每座城市都是他的作品的"博物馆"。

但在我看来，最具创造力的事情并不是他所做的任何事情，而是雇佣他的阿图尔·布劳恩（Artur Braun）与欧文·布劳恩（Erwin Braun）两兄弟所做的一个决定。

拉姆斯已经为博朗公司工作了近五年，他的一位设计师朋友奥托·察普夫在此时找到了他。

察普夫当时与尼尔斯·维索一起开办了一家家具设计公司。

他们想知道拉姆斯能否帮他们做一些自由设计。

拉姆斯此前没有做过家具设计，但他很乐意尝试。

他以与设计博朗产品相同的方式设计家具：极简主义、注重功能、追求实用。

他的设计很成功，所以他们要求他做越来越多的设计。

拉姆斯认为这正在成为一种利益冲突。

布劳恩兄弟雇他做博朗公司的设计师，但他也在为别人工作。

于是拉姆斯去见了阿图尔·布劳恩与欧文·布劳恩，问他们自己是否应该停止从事自由职业。

大多数公司会立即说：**"你当然必须放弃你的自由职业，我们付钱给你是让你为我们设计，而不是为别人设计。"**

但布劳恩兄弟俩没有这么说。

他们说：**"放手去做吧，我们不生产家具，所以不存在冲突。事实上，如果人们购买你设计的家具，这对博朗公司来说只能是好事。"**

对我来说，这个决定是真正的创造性飞跃。

他们意识到，在20世纪50年代，大多数家庭的家具都是老式的厚重的木制和布制软垫家具。

人们不会购买简约、实用且材质为塑料和金属的博朗产品来搭配这样的家具。

但是，如果年轻人开始用由塑料和金属制成的现代极简主义家具来布置他们的公寓，那么博朗的产品将与之完美地契合。

因此，通过让拉姆斯设计家具，他们正在开拓自己的市场。

而这正是所发生的事情。

拉姆斯设计了书架、椅子、桌子和沙发，他所有的家具设计都与他所有的家用电器设计完美契合。

两家公司都由此得到了迅速发展，并在接下来的几十年里改变了设计美学。

我们现在公认的很多优秀产品的设计灵感来自拉姆斯设计的家具和博朗的电子产品。

没有这些家具和电子产品，就没有爱必居（Habitat），也没有宜家（Ikea），正如乔纳森·伊夫所承认的，苹果产品肯定不会是现在的样子。

而这一切之所以发生，都是因为布劳恩兄弟的创造性决定，即违背传统观念，允许他们的顶尖设计师为别人做自由职业。

这表明，有时候最具创意的思考者并不是"富有创造力的人"。

⑭ "无中生有"

我们知道，媒体资源共有三种：付费媒体、自有媒体和赢得媒体。

前两种很简单。付费媒体是你付费购买的任何渠道，如电视、印刷品、户外广告、互联网。

自有媒体是你拥有的任何可以作为媒体使用的东西：如送货卡车、商店橱窗、包装、邮件。

但真正的创造性机会是第三种：赢得媒体。

在这里，媒体是不存在的，除非我们能用有价值的内容来"赢得"媒体的免费报道。

美国得克萨斯州的埃尔帕索动物园（El Paso Zoo）就是一个例子。

为了吸引游客，园方需要让人们谈论该动物园，好让它更具相关性、话题性和趣味性。

他们能做些什么与众不同的事情来引发人们的热烈讨论，从而赢得媒体的免费报道呢？

情人节快到了，每家动物园都会做一件平常的事——收养一对爱情鸟❶，或者做一件类似的事。

---

❶ 指牡丹鹦鹉，野生种群分布于非洲和马达加斯加群岛，它们会与伴侣形影不离，相依相偎，大多会厮守终生。正因为如此，牡丹鹦鹉必须成对饲养。——译者注

如果他们反其道而行之呢?

如果他们放弃为少数幸福的情侣庆祝节日,转而去开拓一个更大的市场呢?

每个人都有过心碎的经历,很多人认为情人节只是唯利是图的商家用来牟利的另一种方式。

没有人涉足过这个市场,所以埃尔帕索动物园可以独享这个市场。

他们就是这么做的。

他们在Facebook(脸书,现已改名"元宇宙")主页上发布广告称,他们很乐意在情人节当天用你前任的名字命名一只蟑螂,并以在线直播的方式展示这只蟑螂被喂给狐獴的过程。

这个活动名叫**"别再烦我"**。

人们只需在Facebook上用前任的名字或首字母留言,然后,在情人节当天下午2点15分,蟑螂就会被喂给狐獴了。

狐獴很喜欢吃这种蟑螂,这种马达加斯加发声蟑螂就是为了补充狐獴的食物而专门饲养的。

这一消息在Facebook上发布了仅仅几天之后,就已经有1500人用他们前任的名字留言了。

一些远在德国和澳大利亚的人甚至组织派对观看自己的"前任"被吃掉。

世界各地的电视、报纸和网络媒体纷纷对此次推广活动进行了报道。

这就是赢得媒体——它在这个创意产生前是不存在的，而且它不用花一分钱。

几年前，美国西雅图的林地公园动物园（Woodland Park Zoo）有了一个与众不同的想法。

这一想法与赢得媒体无关，但它也凭空创造了某种新东西。

园方注意到，他们每年要花费9万美元来清除所有的动物粪便。

他们想，如果我们扭转这种局面怎么样：与其花钱请别人清理动物粪便，不如卖掉这些粪便。

于是他们开始以每两加仑❶20美元的价格出售动物园粪便肥料。

这是一种非常好的肥料，因为它只来自食草动物：长颈鹿、河马、羚羊和斑马，并与稻草、草、树叶和木屑相混合。

园艺植物不必再依靠工厂里大规模生产的化学肥料。

此外，他们还以每品脱❷10美元的价格出售蚯蚓粪便。

这是一种由蚯蚓消化分解并排出的堆肥，所以它有经过"**二次转化**"这一额外好处，因此对于幼苗和盆栽植物来说，它的营养格外丰富。

以上就是这些动物园"无中生有"的过程，他们没有钱，没

---

❶ 美制容量单位，1 美制加仑约合 3.785 升。——译者注

❷ 品脱，美制容量单位，1 美制品脱约合 0.473 升。——译者注

有媒体，没有战略家，没有任务简介。

但他们比我们大多数人更有创造力。

🌀 在智谋上胜过他人

让我们来看一看利物浦队在2019年欧洲足球冠军联赛半决赛对阵巴塞罗那队时打进的第四个球。

球出界后，由利物浦队罚角球，特伦特·亚历山大–阿诺德（Trent Alexander–Arnold）小心翼翼地把球放好，然后离开了。

之后，他突然转身往回跑，并迅速开出角球。

当巴塞罗那队员站着不动的时候，迪沃克·奥里吉（Divock Origi）冲了进去，为利物浦队打进一球。

在第一场比赛中以0比3落后的利物浦队反败为胜，以4比0取得了第二场比赛的胜利。

他们淘汰了世界上最好的球队，挺进欧冠决赛。

这就是为什么每个人都喜欢这个巧妙的进球。

但这不仅仅是本能地抓住了偶然的机会。

这是精心准备的结果。

在这场比赛之前，利物浦队让他们的分析师们寻找巴塞罗那队的弱点。

要找到世界上最优秀球队的弱点非常困难。

但分析师们确实注意到了一件事，那就是巴塞罗那队的球员们会对每一个不利于他们的判罚进行争论。

这些人是世界上最好的球员，他们的自尊心告诉他们自己是对的，所以裁判一定是错的。

此外，如果裁判没有看到犯规，球员有时可以让裁判按照他的要求做出决定。

所以，似乎每一个判罚都值得争论。

利物浦队的分析师们注意到了这一点，并告诉主教练尤尔根·克洛普（Jürgen Klopp）这可能是对方的一个弱点：当巴塞罗那队的球员们争论的时候，他们不会集中注意力。

于是，克洛普与青训学院的主管卡尔·兰卡斯特（Carl Lancaster）谈了谈。

青训学院的男孩们也是这场比赛时的球童。

兰卡斯特向球童们展示了巴塞罗那队在球被踢出场外后争吵的视频。

他让球童们意识到，如果他们能很快把球拿回来，巴塞罗那队就会措手不及。

所以球童们在这件事上花了整整一周时间。

这看似是一件小事，但正是快速给球促成了利物浦队的第四个进球。

给球的球童是十四岁的奥克利·坎诺尼尔（Oakley Cannonier）。

坎诺尼尔已经做好了准备，所以当球出界后由利物浦队发角球时，他甚至不需要过去把球捡回来，他准备了一个备用球。

趁巴塞罗那队争论之际，坎诺尼尔立即将球滚向阿诺德。

阿诺德把球放好后走开了，好像是要留给其他球员来开球。

阿诺德看似漫不经心地抬头看了看奥里吉的位置，然后突然转身把球踢过了所有仍在争论的巴塞罗那队球员的头顶。

因为他们在争论，他们的防守完全没有到位。

他们的争论还没结束，球就已经进了他们的球网，利物浦队4比0领先，巴塞罗那队被淘汰出欧冠。

这一切都是因为利物浦队对细节的关注以及周密的计划。

他们在其他人没有注意的地方寻找机会。

这就是竞争，这就是处于最佳状态的创造力。

正如亚瑟·叔本华（Arthur Schopenhauer）所说：**"能者达人所不达，智者达人所未见。"**

这就是创造性思维，创造出的一种不公平优势。

广告大师比尔·伯恩巴克（Bill Bernbach）先于所有人发现了这一点，所以他说："创造力很可能是我们在竞争中合法拥有的最后一个不公平优势。"

换句话说，如果你不能在比赛中超过他们，那就在智谋上胜过他们。

⑪ 作为伪装的广告

2008年，安东尼·J.库尔西奥[1]（Anthony J. Curcio）需要25人帮他完成在美国华盛顿州门罗市的一项工作。

所以他在广告网站上刊登招聘广告，这份工作的报酬不错，每小时28.5美元。

这是一份景观美化工作，但要求求职者在上岗前必须穿戴好特定服装和装备准备开始工作：牛仔裤、蓝色衬衫、工作鞋、黄色安全背心、护目镜和油漆工面具。

会面地点是美国银行的停车场，会面时间是9月9日。

就在广告上说的那个时间，几十名穿戴整齐、准备就绪的男子出现在约定地点。

他们四处张望寻找雇主，但只能看到很多穿戴和他们一样的人。

这时，一辆装甲运输车停在了美国银行门外，保安走进了银行。

大约一分钟后，保安提着两袋钞票走出银行。

---

[1] 安东尼·J.库尔西奥，美国作家、公共演讲家和被定罪的抢劫犯。2008年，库尔西奥因装甲车抢劫案被捕并被判处6年监禁。出狱后，他致力于在药物滥用和犯罪预防领域与青年展开合作，在美国各地向学生和运动员发表演讲。——译者注

突然，其中一名景观美化工朝保安喷射胡椒喷雾，然后抓起钱袋逃跑了。

所有站在周围的人都在想到底发生了什么事，其实这是一起抢劫案。

警察终于现身了，并要求目击者描述那名抢劫犯的模样。

所有人都能重复他的穿着：牛仔裤、蓝色衬衫、工作鞋、黄色安全背心、护目镜和油漆工面具。

就像停车场里站着的其他几十个人一样。

警察查看了所有录像机，但每个人的穿着都与描述完全符合。

因为安东尼·J.库尔西奥刊登的那份工作并不是所有人想的那样。

那不是什么景观美化工作，而是抢劫银行，最终他带着40万美元逃之夭夭。

他的做法颠覆了传统观念。

他不是让自己融入环境，而是通过改变，让环境包容自己。

几个星期以来，他一直都在策划这起劫案，他将自己打扮成一个不起眼的景观美化工：清扫、除杂草、割草。

他记下了装甲车装着最大的钱袋来到的日期和时间。

他记下了保安的人数以及他们的安保程序。

实施抢劫当天，他需要的就是确保没有人能认出他。

所以他登广告找了几十个穿得和他一模一样的人，并要求他们在特定的时间站在案发地点。

这是一种新的伪装。

只要他与环境融为一体，就没人会注意到他，这就是他想要的效果。

但这与我们想要的效果截然相反。

如果我们与环境融为一体，没人注意到我们，我们就浪费了我们的金钱。

如果没人注意到我们，我们还不如不做广告。

如果我们的广告看起来与我们周围的其他广告没有任何区别，我们就会像隐形人一样，即使逃离了也不会引起任何注意。

但在不被注意的情况下逃离真的是我们想让我们的广告做的吗？

每次我做演讲的时候，我都会指出，如果你生活在大城市，你每天都会接触到大约2000条广告信息。

新闻广告、户外广告、广播广告、YouTube（油管）上的广告、Facebook（脸书）和Twitter（推特）上的广告、地铁广告或天空电视台（Sky）上的商业广告，加上所有其他广告，其总和大约是每天2000条广告信息。

然后我问："作为一名消费者，如果你记得一条昨天的广告，请举手。"

在200名听众中，通常有6人至10人举手。

所以，计算一下，200乘以每天2000条广告，等于40万条广告。

所以40万条广告曝光，大约有10条广告会在24小时后被记住。

我觉得我们把自己伪装得很好。

⑪ 稀缺创造价值

1503年，一位佛罗伦萨的艺术家接受了当地商人弗朗西斯科·德尔·乔孔多（Francesco del Giocondo）的委托。

这个艺术家为商人的妻子画了一幅画，没什么特别的。

画作并不大，大小为30英寸×21英寸（介于现代尺寸A1和A2纸的大小之间）。

但在大约300年后的1797年，它最终被挂在了巴黎卢浮宫的墙壁上，夹在两幅尺寸大得多的画作之间。

鲜有公众注意到它，直到1911年8月21日。

这一天，文森佐·佩鲁贾（Vincenzo Peruggia）进入了卢浮宫，并躲在一个扫把间里。

博物馆闭馆后，他从扫把间里出来，把那幅小画从墙上取了下来，这幅画的尺寸很适合放在他的外套下面，所以他拿着它平静地走出了卢浮宫。

甚至没有人注意到任何异常，直到第二天的某个时候。

有人想起之前在那两幅大尺寸画作之间的空隙里有一幅小画。

没什么大不了的，肯定是为了清洁给移走了。

最终，卢浮宫的工作人员发现这幅画并没有因为清洁而被移走，他们意识到这是一起艺术品盗窃案。

但这并不是一般的盗窃，因为窃贼无视了其他所有杰作，只盯上了这幅画。

它肯定比挂在墙上的其他任何作品都更值钱。

报纸得知了此事，每个人都想知道这幅最被窃贼看重的杰作是什么。

卢浮宫检查后告诉他们，失窃的画作名叫《**蒙娜丽莎**》（*Mona Lisa*）。

公众不记得这幅画，但它显然是卢浮宫最价值连城的画作。

突然间，每个人都想看看《蒙娜丽莎》。

他们一定要看看这幅最值得偷的画作。

但没人能看到它，因为它不在那里，这让人们更想看到它。

《蒙娜丽莎》很快就成了世界上最著名的画作。

就好像没有了它，卢浮宫就只是半座博物馆。

最终，在两年后，直到窃贼试图将它出售给佛罗伦萨的乌菲齐美术馆（Uffizi gallery），这幅画才失而复得。

画作很快被送回卢浮宫，公众纷纷挤进卢浮宫一睹其真容。

据卢浮宫博物馆馆长亨利·卢瓦雷特（Henri Loyrette）说，如今每年有600万人参观卢浮宫只是为了一睹《蒙娜丽莎》的风采。

这就是所谓的稀缺启发法❶：只有当人们无法拥有某物时，他们才会如此渴望得到它。

在英国国家美术馆的米开朗琪罗画展上发生了同样的情况。

画展上的明星展品是《**在伊默斯的晚餐**》（*Supper at Emmaus*），现场被观众围得水泄不通，人们要等上很长时间才能观赏它几秒钟。

然而在这一年剩下的时间里，它却一直陈列在楼上的主画廊里。

如果你愿，你可以独自一人看上一整天，没人会来打扰你。

制片人迈克·托德（Mike Todd）对稀缺启发法了如指掌。

他在纽约曼哈顿上演了一出戏剧，但一点都不成功。

所以他雇用了一位手指患有关节炎的女士在售票处卖票。

当有人要买票时，她需要花很长时间给他们找零钱。

他们后面的人不得不等待，这就造成了排队。

看到长长的队伍，其他人也加入进来，认为这一定是一场精彩的演出。

队伍越来越长，路过的人觉得自己不能错过，于是也加入了

---

❶ 稀缺启发法（Scarcity Heuristic）指人们倾向于认为稀缺资源具有更高的价值。——译者注

队伍。

最终，队伍绕了整整一个街区。

迈克·托德的演出大获成功，这要归功于那位手指患有关节炎的女士无意中利用了"稀缺启发法"。

⑪ 每个人都需要第二次机会

在美国，加利福尼亚州的汽车和司机的数量比任何一个州都要多。

所以，加利福尼亚州有更多的车祸，也因此有更多的人死于车祸。

95%的加利福尼亚人认为器官捐献是件好事。

每名器官捐献者都有可能通过捐献自己的器官、眼角膜和身体组织来挽救8条生命，并能提高多达75名患者的生存质量。

但只有45%的司机真正登记成了器官捐献者。

这意味着有11.4万人在等待器官捐献。

为什么器官捐献的缺口这么大？

要成为器官捐献者，你需要填写表格，并在你的驾照上贴一个粉红色的圆点。

但是，想要更新你的驾照，你必须前往机动车辆管理局

（DMV）。

而众所周知，这是一个不愉快的经历：队伍很长，每个人的脾气都很暴躁，他们都迫不及待地想要离开那里。

因此，卡萨诺瓦//麦肯广告公司（Casanova//McCann）和它的客户加利福尼亚州生命捐献组织（Donate Life CA）重新审视了这个问题。

与其用海报不断骚扰在机动车辆管理局排队的非捐献者，为何不奖励捐献者呢？

也就是说，奖励那些驾照上已经有粉红色圆点的人。

所以每个人都能看到整个体验愉快了很多。

他们产生了一个叫作"**第二次机会**"的想法。

他们有一个由两个"**2**"面对面构成的标志，形状像一颗心。

他们说服了加利福尼亚州的三个警察局——富勒顿警察局、普拉森舍警察局和加利福尼亚州警察局——以及加拿大的卡尔加里警察局参与进来。

他们的想法是，当一名司机因轻度违章即将被开罚单时，如果警察在他们的驾照上看到一个表明他们是捐献者的粉红色圆点，他可以给他们第二次机会。

他们制作了一部纪录片，记录下这个想法是如何实现的。

这部纪录片显示，警察拦停超速或越过停车标志的司机。

警察会检查他们的驾照，然后像往常一样填写一张罚单、姓名、地址、城市、州、邮政编码、驾照号码、违章描述、开罚单的警察的签名。

但当警察把罚单交给司机时，情况就不同了。

罚单上面写着这样几句话。

今天你得到的是第二次机会，而不是罚款。

为什么呢？

1. 因为你愿意通过登记成为一名器官捐献者，给你的同胞再活一次的机会。

2. 因为只有一半的美国人是登记过的器官捐献者，而你正在改变这一数据。

3. 因为警察局想要感谢你为别人做的事。

4. 因为我们想要提醒你，成为一名英雄是多么容易。

纪录片展示了司机们在收到罚单时脸上深深的宽慰之情。

警察对他们表示感谢，并表示每个人都非常感谢他们的捐赠。

一个月内有110000名司机通过登记成为器官捐献者（与去年同月相比增加了30777人）。

这些额外的器官捐献者有可能拯救246184条生命。

但真正具有创造力的部分是，他们没有用事实和数据对着非捐献者絮絮叨叨。

他们只是让非捐献者知道他们错过了什么。

现在，器官捐献的登记数量增加了，本来不可能活下来的人活了下来。

而警察喜欢与社区进行更加积极的互动。

真正的创造力对每个人都有效。

🏦 有效传达信息的符号

在纽约的艺术学校，我曾上过一门名叫视觉传达的课程。

今天，这被称为符号学：没有文字的语言。

在当时，这是一门很难的课程。

语言曾经是我所知道的传递信息的唯一方式，但事实并非如此。

语言传播曾经是我意识到的传递信息的唯一方式，但非语言传播是我没有意识到的。

因此，我们学习了有关包装、排版、颜色、形状、声音、动作、编辑等方面的知识，甚至还有关于肢体语言的知识。

符号学的另一种表达是对符号的研究。

最纯粹、最有力的符号形式就是道路交通标志。

路标上的信息必须以最精简、最有效的形式呈现。

这些标志关乎生死。

英国拥有世界上最好的道路标志系统之一。

这些路标是由英国设计师玛格丽特·卡尔弗特[1]（Margaret Calvert）在20世纪60年代设计的。

当时她刚刚从切尔西艺术学院毕业，与乔克·金尼尔（Jock Kinneir）一起承担了英国第一条高速公路的路标设计工作。

这条高速公路将不会有速度限制，因此没有人知道，当有人驾车以每小时100英里的速度行驶时，是否还能看清静止的路标。

所以，对驾驶员而言，路标清晰就是一切。

这就是为什么我喜欢玛格丽特·卡尔弗特测试她所设计的路标时采用的方式。

她把自己设计的路标带到牛津郡的本森机场，并将它们固定在一辆汽车的顶部。

然后，她驾驶着这辆汽车以不同的时速驶向一群坐着的飞行员。

然后，她弄清楚了这群飞行员在多远的距离和多快的时速下可以看清这些路标。

大多数设计师不会这样做，他们只会坐在办公室的桌子前判

---

[1] 玛格丽特·卡尔弗特，英国平面设计师。在超过60年的设计生涯中，她参与了英国政府网站的字体设计，并与乔克·金尼尔共同设计了道路标志专用字体，后者被广泛应用于英国的道路、火车站和机场。目前这些路标已成为英国经典的文化景观之一。——译者注

断自己的设计。

但她的设计不能像那样发挥作用。

她的设计与主观偏好无关，比如是否有人喜欢它们。

她的设计必须清晰地传达信息，这是最纯粹的符号学。

所以测试这些路标的有效性必须在其能够发挥作用的环境中进行——比如以高达100英里的时速移动时进行测试。

这就是为什么这些路标是清晰度的绝佳例子。

高速公路标志设计得非常成功，因此，她被要求设计整个道路系统的标志。

这不是一个风格练习，而是一个化繁为简的练习。

不同的道路有不同的速度限制，因此需要不同的信息。

所以她将道路标志做了如下区分：

高速公路标志将是蓝底白字。

A类道路标志将是绿底白字（数字为黄颜色）。

B类道路标志将是白底黑字。

而且会有一个简单的系统来强调被传达的信息。

因此，不同的路标形状代表着不同的含义：

三角形表示警告。

圆形表示命令。

方形表示信息。

正如玛格丽特·卡尔弗特所说：**"方向标志就像发动机里的**

润滑油一样重要，没有它，各个零件就会停止运转。"

这些标志没有装饰，没有主观性，没有情感偏好。

只有这项工作所需的功能性和清晰度。

这些标志与是否有人喜欢无关。

这才是纯粹的符号学：纯粹是关于符号多么有效。

我希望更多的人能够学会这样思考。

第二部分

我们无法知晓
尚未发生的事

当专家成为问题本身

原子时代始于1945年。

美国是当时唯一一个掌握核技术的国家。

即使英国帮助他们开发了核技术，美国政府也仍然不会分享任何信息。

英国只能单枪匹马自己干，他们也确实是这样做的。

1952年，他们开始规划在距离苏格兰30英里的坎布里亚郡的温士盖修建一座大型核设施。

压力在于快速建成该座核设施。

在项目规划接近完成时，其中一位物理学家本杰明·特伦斯·普赖斯（Benjamin Terence Price）提出了疑问：他们是否应该装备过滤器之类的备用安全设施。

参与这个项目的所有其他专家都忽视了这个建议。

事情进展迅速，他们已经在施工了。

但约翰·道格拉斯·考克饶夫爵士（Sir John Douglas Cockcroft）是英国原子能科学研究院的主任，并且是该项目的负责人，他一直想着有关过滤器的问题。

后来，他听说位于美国田纳西州的橡树岭国家实验室的石墨原子反应堆（代号"x-10"）附近发现了氧化铀粒子。

这使他确信，温士盖的核反应堆上的烟囱一定要有过滤器来捕获逃逸的粒子。

但专家们表示，这既昂贵又耗时，而且没有必要。

核反应堆十分安全，没有粒子会逃逸，而且360英尺❶高的烟囱已经建成。

过滤器应该在建造烟囱之前被安装在烟囱底部。

但考克饶夫坚持认为，如果过滤器无法被安装在烟囱底部，那就应该安装在烟囱顶部。

尽管生产部门的助理总监伦纳德·欧文（Leonard Owen）曾表示两吨滚烫的热空气会以每秒钟20英里的速度通过这些烟囱。

所有专家都说安装过滤器是在浪费时间和金钱，因为核反应堆十分安全，过滤器永远不会派上用场。

但考克饶夫坚持自己的主张，因此，两个巨大的过滤器被安装在了360英尺高的烟囱顶部。

过滤器看起来很可笑，在几英里外就能看到，它们被称为"考克饶夫的愚蠢主意"。

---

❶ 1 英尺约等于 0.3 米。——译者注

它们一直被这样称呼，直到1957年10月10日这一天。

当天晚上，操作人员发现核反应堆的放射性燃料着火了，而且已经以1300摄氏度的温度燃烧了两天。

放射性燃料又燃烧了三天才被扑灭，释放出了致命的碘–131。

该起事故成为此后30年里欧洲最严重的核灾难，直到后来的切尔诺贝利事件。

但是烟囱顶上的过滤器（"考克饶夫的愚蠢主意"——专家口中永远不会派上用场的东西）捕获了95%的泄漏放射性粒子。

1987年的一项调查显示，在温士盖没有人死亡，但未来可能会有33人死亡（但可能性很小）。

相比之下，在切尔诺贝利有47人死亡，未来可能会有9000人死亡。

多亏了"考克饶夫的愚蠢主意"（专家口中浪费时间和金钱的玩意），在温士盖释放的粒子是切尔诺贝利释放的千分之一。

约翰·道格拉斯·考克饶夫爵士坚持自己的原则，却因此遭到嘲笑。

但如果不是他的固执，就会有更多的人死去，英格兰北部的大部分地区将仍然无法居住。

约翰·道格拉斯·考克饶夫爵士不听专家的意见，他只听从常识。

这证明了有时候我们确实比专家知道得多。

⑪ 令人愉快的意外事件

我们认为一切永远都是符合逻辑的直线思维的结果。

但这并非总是正确的。

例如，让我们把目光转向汽车上的后视镜。

后视镜是由赛车手雷·哈罗恩（Ray Harroun）在100多年前发明的。

与其说他是一名赛车手，不如说他是一位工程师。

但他想参加1911年的首届"印第安纳波利斯500英里"大奖赛，所以他设计了一辆名为"黄蜂"的赛车。

他的第一项创新是，他的车是单座的。

在当年，每辆车都有两个座位，一个给赛车手，一个给机械师。

如果赛车出现故障，机械师将就地进行修理，他还会告诉赛车手其他车辆的位置。

雷·哈罗恩知道他的车不会出故障，所以他不需要机械师。

但在比赛当天，其他赛车手怨声载道。

没有机械师，就没有人告诉他其他车辆的位置，这对其他车手来说可能是真正的危险。

就在此时，雷·哈罗恩向他们展示了自己的第二项创新。

他不需要机械师来告诉他其他车辆的位置，因为他制作了一面有四条金属腿的大镜子，并把它安装在方向盘上方。

这样一来，他的视线无须离开前方，他就能知道身后是谁。

之前没有人听说过这样的想法，但他们无法争辩，因为这个想法听起来是有道理的。

雷·哈罗恩在40名选手中第28位发车。

雷·哈罗恩用6小时42分钟8秒完成了比赛，他的平均时速为74.5英里。

在1911年，这是非常快的速度，但不如其他一些赛车手快。

他们会呼啸而过，但他们的轮胎很快就磨坏了，不得不更换。

在1911年，换轮胎的过程并不像现代一级方程式（F1）赛车换胎那样快。

换轮胎既缓慢又复杂，他的对手们都在这个过程中浪费了时间。

雷·哈罗恩只需要换4次轮胎。

离他最近的对手拉尔夫·芒福德（Ralph Mumford）必须更换14次轮胎。

雷·哈罗恩以超过半英里的优势赢得了第一届印第500大奖赛。

他独自完成了这一切，身边没有一名环顾四周的机械师帮助他。

报纸称他的新装置为**"不用转头就能看"**（"后视镜"这个名字当时尚未想出来）。

很快，每个人都想要一面后视镜，到了今天，所有汽车都安装了后视镜。

但直到很久以后真相才浮出水面。

雷·哈罗恩在退役后解释说，印第安纳波利斯赛车道是1910年铺设的。

他们用了320万块砖来铺设赛道，因此路面坑坑洼洼，颠簸得厉害。

正如雷所说的：**"镜子抖得太厉害了，我在镜子里什么都看不见。但我确信除了我没人知道这件事。"**

雷·哈罗恩对此只字未提，因为他不想被取消比赛资格。

后视镜的真正用途并不是让他看到身后发生了什么。

它的真正用途是让他在没有机械师的情况下可以参加比赛。

这意味着他的车比其他车更轻，而且轮胎不会磨损得那么快。

那面镜子曾经就是一个用来摆脱机械师额外重量的借口。

所以，我们想当然认为的能保障行车安全的后视镜最初不是为了安全而发明的。

它是为了规避规则而发明的。

如今，每辆赛车都是单座的，每辆上路行驶的汽车都有后视镜。

因为创造力并不总是沿着直线思维。

正如约翰·韦伯斯特[1]（John Webster）过去常常对我说的那样："**你必须为意外事件留出余地。**"

创造力与道德

如果所有好人都富有创造力，而所有坏人都没有创造力，我们的生活不就变得更加轻松了吗？

不幸的是，情况并非如此。

创造力存在于思想领域，正如好人有思想，坏人一样也有思想。

所以我们既可以选择向每个人学习，也可以选择只向我们认同的人学习。

就我个人而言，我选择向每个人学习。

以出生于1849年的巴希尔·扎哈罗夫（Basil Zaharoff）

---

[1] 约翰·韦伯斯特（1934—2006），20世纪下半叶广告创意领域的杰出人物之一，曾担任本书作者的创意总监达10年之久。——译者注

为例。他是托尔森·诺登菲尔德枪支与弹药公司（Thorsten Nordenfelt's Nordenfelt Guns and Ammunition Company）的高级合伙人。

他负责销售诺登菲尔德 I 型潜艇。

该型潜艇由蒸汽驱动，这对一艘潜入水中的舰艇来说不是一个好主意。

扎哈罗夫未能将哪怕一艘潜艇出售给任何一个海军强国：英国、法国、德国、美国。

这些国家拥有庞大的海军，认为没有必要在这种新奇事物上冒险。

美国对它**"危险而不规则的移动"**进行了批评，他们认为它**"长期不稳定"**而且**"完全不可接受"**。

所以扎哈罗夫变得富有创造力。

如果拥有庞大海军的国家不需要它，那么那些没有海军的国家呢?

扎哈罗夫知道他只需要一笔生意就可以启动这项计划。

因此，他向希腊人解释了一艘水下舰艇如何堪比许多水面舰艇。

它可以在不被发现的情况下靠近，并用鱼雷击沉大国的战舰。

而且，由于他也是一名忠诚的希腊人，他会让希腊人以半价购得该型潜艇。

希腊人无法拒绝这笔交易，因此他们订购了一艘诺登菲尔德Ⅰ型潜艇。

在卖出一艘潜艇之后，扎哈罗夫去了奥斯曼帝国。

他向土耳其人解释了希腊人如何可以凭借他们的潜艇控制海洋。

土耳其的水面舰艇将是无助的，但作为一位忠诚的土耳其臣民，他愿意帮助土耳其人恢复力量平衡。

土耳其人非常感激，他们订购了两艘诺登菲尔德Ⅰ型潜艇。

扎哈罗夫之后又去见了俄国人。

他解释说，土耳其人很快就会控制黑海。

因为土耳其人现在拥有的两艘潜艇可以击沉任何胆敢靠近的俄国舰艇。

作为一位忠诚的俄罗斯臣民，尽他所能帮助俄罗斯母亲是他的责任。

俄国人很感激这个消息，于是订购了两艘诺登菲尔德Ⅰ型潜艇。

扎哈罗夫就这样卖出了5艘毫无用处的潜艇，因为他明白两件重要的事情。

1. 感到安全的人没有必要冒险，而感到不安的人不得不冒险。

2. 人们会根据竞争对手的条件来判断自己需要什么。

巴希尔·扎哈罗夫不是好人，但即使是坏人也可以富有创造力。

如果我们不向其他人学习，不管他们是好人还是坏人，我们就会像戴着眼罩的马匹。

当我们认为只有获奖广告才是好广告的时候，我们做的就是这种事。

只有当一组评委和广告媒体认可这些广告时，这些广告才是好广告。

只有当这些广告为我们认可的产品和喜爱的品牌进行宣传推广时，这些广告才是好广告。

此时的我们就处在一个好人皆聪明而坏人皆愚蠢的世界里。

⑩ 一点天资

1800年前后，查尔斯·巴比尔（Charles Barbier）是拿破仑军队中的一名炮兵军官。

他注意到一个问题：士兵们经常在夜间遭到枪击。

这主要是因为，为了阅读信息，士兵们会使用一盏灯。

自然，敌军狙击手会将此作为目标。

因此，巴比尔认为士兵们需要一种更加安全的无光交流方式。

如果他们能感觉到信息而不是看到信息呢？

于是，巴比尔开始开发夜间书写系统。

他用一个由12个点组成的矩形图案表示每个字母。

这一系统虽然可行，但对于士兵来说，记忆起来既缓慢又复杂。

因此，军队拒绝了该书写系统。

后来，一名12岁的学生听说了这件事。

当他还是个孩子的时候，他在父亲的工作室里玩锥子时弄伤了一只眼睛，最终因感染导致双目失明。

1821年，他遇到了查尔斯·巴比尔，并研究了他的夜间书写系统。

这名学生同意军队的看法，这套系统太复杂了。

但它不需要这么复杂，基本想法是好的，所以他简化了这一系统。

他把代表每个字母的12个点改成了6个，他没有复制字母表中的字母，而是采用了速记的形式。

这花了他三年的时间，在他15岁的时候，他发明了一种无须视力就能阅读的有效方法。

这个男孩名叫路易斯·布莱叶（Louis Braille），从那时起，他发明的盲文系统在世界范围内得到了使用。

这套盲文系统使盲人可以像正常人一样快速阅读。

在今天的美国，大约有85000人完全失明。

在那些学习过布莱叶盲文的盲人中，90%的盲人有工作。

而在那些没有学习过布莱叶盲文的盲人中，只有33%的盲人有工作。

路易·布莱叶把原本只是为了一种用途而发明的东西转变成了可以用于另一种用途的新东西。

这是两种不同的创造力。

迈克尔·E.格林利斯（Michael E. Greenlees）曾经告诉我，他在大学里学的是纯数学。

我说我做不到，因为我对数字不在行。

迈克尔说纯数学与数字无关，纯数学与发现和抽象思维的关系更大——为了数学的数学。

应用数学是指人们将这些发现用于实际用途。

一类人发现某一事物，另一类人应用这一事物。

我想，这也适用于创造力。

纯粹的创造力可以在艺术画廊里陈列的作品上找到：展现创造力就是它的最终目的。

而应用创造力就是我们必须具备的能力：有特定目的的创造力。

我们可以用一幅画、一件雕塑或一部歌剧来突出和传达信息。

对我们来说，美不是为了它本身，它必须有一个用途。

如果没有实际用途，美只能作为装饰。

那么它就无法成为应用创造力，只能假装是纯粹的创造力。

应用创造力必须发挥某种作用。

知道二者的区别才能使我们变得高效。

因为在我们的世界里，没有什么是纯粹的创造力。

史蒂夫·乔布斯是近年来最具创造力的人之一。

但史蒂夫·乔布斯没有发明过任何东西。

他只是深刻地理解了纯粹创造力和应用创造力的区别，从而创立了世界上最有价值的品牌。

我们为什么想要抱怨

2007年，苹果公司推出了苹果手机（iPhone）。

在美国，你只能在美国电话电报公司（AT&T）的网络上使用苹果手机。

但一位名叫乔治·霍兹（George Hotz）的高中生不想使用美国电话电报公司的网络。

他想使用T-Mobile[1]的网络。

于是他拆开他的苹果手机，找到了处理器，打乱了代码，重新编写代码，使它可以在任何网络上运行。

---

[1] T-Mobile 是一家跨国移动电话运营商，是德国电信的子公司。在西欧和美国运营全球移动通信网络，并通过金融手段参与东欧和东南亚的电信网络运营，是世界上较大的移动电话公司之一。——译者注

　　然后他在YouTube上发布了一段视频，并获得了200万的点击量。

　　因为这是世界上第一台遭到黑客攻击的苹果手机。

　　当史蒂夫·乔布斯发现此事时，他很不高兴。

　　他说："**这是我们经常玩的猫捉老鼠的游戏。不断有人试图闯入，我们的工作就是阻止他们。**"

　　但苹果公司联合创始人斯蒂夫·盖瑞·沃兹尼亚克（Stephen Gary Wozniak）却不这么认为。

　　他说："**我理解那些想要这么做的人的心态，我不认为这样的人是罪犯。事实上，我认为这种不当行为与创造性思维密切相关并且是创造性思维的原因。**"

　　最后一句太棒了，我将重复一遍。

　　"**这种不当行为与创造性思维密切相关并且是创造性思维的原因。**"

　　换句话说，那些极度害怕陷入麻烦的人很难有创造力。

　　创造力几乎总是对现存的某些事物的一种反抗。

　　创造力是一种想要改变事物的渴望。

　　这就是它为什么会引起愤怒。

　　这就是它为什么会违反规定。

　　1907年，巴勃罗·毕加索（Pablo Picasso）展出了他的画作《亚威农少女》（*Les Demoiselles D'Avignon*）。

画作表现的是一家妓院里的几名妓女。

它第一次将原始部落艺术与立体主义结合起来。

颇具影响力的艺术品交易商安布鲁瓦兹·沃拉尔（Ambroise Vollard）看到这幅画时说：**"这是一个疯子的作品。"**

画家乔治·布拉克（Georges Braque）说：**"毕加索把松节油吐在我们脸上。"**

但在一年之内，这幅画被认为是一幅改变游戏规则的作品。

几年之内，它成了一幅杰作。

今天，这幅画被公认为是现代艺术诞生的标志。

十年后，马塞尔·杜尚（Marcel Duchamp）把一件"雕塑作品"送到纽约展出。

它只是一个带有粗糙签名的小便池。

委员会吓坏了，他们甚至拒绝把它放在展览中。

随后，这个作品被视为概念艺术诞生的标志。

真正的创造力是对现状的一种反抗。

真正的创造力是一种想要改变事物的渴望。

如果你没有改变事物的渴望，为什么还要去改变事物呢？

特别是在我们的工作中，这种渴望至关重要。

我们的工作就是改变事物。

除非我们得到关注，否则我们就无法改变事物。

我们必须通过主宰我们的环境来做到这一点。

我们不会通过融入环境、通过保持安静和礼貌来做到这一点。

这就是为什么我们的工作会让某些人不开心。

通过主宰环境，我们就能吸引所有人的注意力。

如果一个事物对毕加索或杜尚而言是好东西，那么这个事物对我们来说是至关重要的。

人们不会像看艺术馆里的展品那样仔细审视广告。

如果我们不想惹是生非，我们就是隐形的。

如果我们是隐形的，我们为什么还要自找麻烦呢？

⑪ 创造力就是不惜一切代价

100年前，每4个早产儿中就有3个夭折。

这不是在不发达国家，而是在欧洲和美国。

医生和护士确实试图挽救这些早产儿，但很多时候他们也无能为力。

早产儿的身体各项机能还没有发育完全，他们很小，而且营养不良。

早产儿的身体甚至无法产生足够的热量为自己保暖，所以75%的早产儿会夭折。

医学界认为这是一种自然之道。

除了巴黎妇产医院的艾蒂安·斯特凡·塔尼尔（Étienne Stéphane Tarnier）医生。

他注意到，在农场里，鸡蛋通过保温孵化。

1880年，他和同事皮埃尔·布丁（Pierre Budin）医生开始在婴儿身上进行同样的尝试。

他们制作了几个可以保存热量的箱子，用玻璃制作的顶部可以让光线进入箱内，还有一个热水瓶为早产儿的小身体保温。

他们发明了早产保温箱。

他们注意到这些放在保温箱中的早产儿的存活率比其他早产儿的存活率要高得多。

显然，首先要做的是在医院安装这些"婴儿孵化器"。

但没有一家医疗机构对这种愚蠢而昂贵的噱头感兴趣。

第一，他们知道过早出生的婴儿无法存活是很自然的。

第二，农场和鸡蛋与人类能有什么联系？

因此，没有一家医疗机构会考虑这个想法。

因此，艾蒂安·斯特凡·塔尼尔的另一位同事马丁·库尼（Martin Couney）医生决定绕开医疗机构。

库尼制作了六个早产保温箱，并把它们带到了1896年柏林世界博览会上。

之后，库尼向柏林慈善医院索要了六名早产儿。

该医院把早产儿给了他，因为这些早产儿几乎肯定会死亡。

库尼雇佣了几名护士，并向公众展示了保温箱里的婴儿。

这次展览被称为"Couney's Kinderbrutanstalt（库尼的婴儿孵化器）"。

公众花钱观看这些体型几乎只有正常婴儿四分之一大小的早产儿。

而且，与所有医学预测相反的是，这六名早产儿都存活了下来，并成长为健康的婴儿。

这给了库尼所需的动力。

库尼把早产保温箱带到了美国，那里有同样多的早产儿死亡。

1901年，他在美国纽约州布法罗的泛美博览会上做了同样的事情。

1902年，他在世界博览会上又这么做了。

1903年，他把他的展览搬到了康尼岛，搬到了梦幻乐园，搬到了月神公园。

库尼知道人们会很愿意花上25美分去看世界上最可爱的小婴儿，这些婴儿被包裹得既温暖又舒适。

贫困家庭对此感激不尽，因为他们过早出生的宝宝有了活下去的机会。

正如一名记者当时所写的那样："**昨天下午拍照时，我看到的在妈妈怀里哇哇哭的婴儿和洋溢着幸福笑容的父母，是我见过的最美好的婴儿和最满足的父母了。**"

在接下来的40年里，库尼的保温箱一直在康尼岛向付费顾客展出。

在此期间，他们挽救了8000名早产儿中的6500名早产儿的生命。

其存活率高达85%，远远高于没有保温箱时的25%的存活率。

最终，医学界意识到了保温箱的重要性，如今，保温箱正在世界各地的医院里挽救早产儿的生命。

这一切都是因为那些叛逆的医生不服从传统观念。

传统观念认为，我们不能质疑权威人士。

但这些叛逆的医生知道自己是对的，所以他们不惜一切代价。

如果他们不能在医院里挽救生命，他们就在游乐场里挽救生命。

即使他们每次必须向观看自己这么做的人收取25美分。

那些说不可能的人，不该去打扰那些正在做事的人。

🎴 编造故事

苏格兰的独特之处在于，每个家族都有属于自己的带图案布料，叫作格子呢。

每种格子呢都是与众不同的，每个家族或宗族都可以将自己的遗产追溯到一千年前一直穿着的特定图案。

只是这些家族或宗族做不到这一点。

这种说法完全是由来自萨里郡的两兄弟在1829年编造的。

格子图案当然一直存在，但它们与宗族没有任何关系。

它只是某一个特定地区的人们能够买到的普通布料。

最古老的格子呢样品保存在爱丁堡的苏格兰国家博物馆：一小块产于公元300年左右的羊毛人字斜纹粗呢布料。

但这没有意义，居住在苏格兰高地不同地区的人会穿当地能找到的任何布料，不同地区的人自然会织出不同的图案。

长久以来，格子呢被认为是一种特别的苏格兰高地布料。

1882年，英国国王乔治四世对爱丁堡进行了国事访问。

他希望格子呢在苏格兰随处可见，来满足他对苏格兰的幻想。

因此，突然间每个家庭都想拥有一种格子呢。

来自萨里郡戈德尔明的两兄弟发现并抓住了这一商机。

他们出生在威尔士，原名分别为约翰·艾伦（John Allen）和查尔斯·艾伦（Charles Allen），但他们首先将名字中的艾伦（Allen）改成了更具苏格兰口音的艾伦（Allan），然后改成了海·艾伦（Hay Allan），最后他们分别将名字改成了约翰·索别斯基·斯图亚特（John Sobieski Stuart）和查尔斯·索别斯基·斯图亚特（Charles Sobieski Stuart）。

他们出版了一本名叫《苏格兰服饰大全》（*Vestiarium*

Scoticum）的书。

他们声称这本书的内容来自一份1721年的文件，而这份文件本身就是一份1571年的羊皮卷的副本，其中详细描述了来自高地、低地和边境地区的75个不同宗族所穿的不同种类的格子呢。

这本书和这对兄弟受到了苏格兰贵族的热烈欢迎。

这意味着每个人都能确切地说出自己有权穿什么样的格子呢，并可以穿着它在正式的聚会上自豪地夸耀自己的传统。

兄弟俩是苏格兰贵族的宠儿，他们因此得到了财富和土地。

但并不是所有人都被说服了。

最有名的苏格兰人之一沃尔特·司科特爵士（Sir Walter Scott）写到，这本书"**听起来就像一名格子呢织工在试图招揽生意**"，"**用格子呢来区分宗族的想法只是现代的一种时尚**"，而且"**低地人从未穿过代表宗族的格子呢**"。

但在1832年，沃尔特·司科特爵士去世了，没有了他这块绊脚石，索别斯基·斯图尔特兄弟又出版了另一本名为《宗族服饰》（*Costumes of the Clans*）的书，并在1847年出版了《世纪传说》（*The Tales of the Century*），在这本书中，他们声称自己是"英俊王子查理"（Bonnie Prince Charlie）的孙子。

最终，在1895年，《格拉斯哥先驱报》找到了一本据说是《苏格兰服饰大全》所依据的那份1721年的文件。

他们的化学家写道："**有证据显示，这份文件曾被一些化学**

药剂处理过，让它看起来比实际更古老。"

因此，这一证据表明这份文件是假的。

但这些都没有影响到索别斯基·斯图尔特兄弟开创的"传统"。

即使在今天，来自世界各地的具有苏格兰血统的人也在爱丁堡把他们的"家族格子呢"做成了苏格兰短褶裙。

对归属感的需求凌驾于事实之上，使真相变得无关紧要。

正如另一位苏格兰人大卫·休谟（David Hume）所说："理性是激情的奴隶。"

这对我们来说是一个很好的教训，值得铭记。

有时候答案在于产品，有时候答案在于消费者。

有时候消费者比产品更重要。

一个激动人心的谎言几乎总是比一个无聊的真相更具吸引力。

⑪ 当弱点成为一种优势

和其他很多地方一样，以色列也处于社会分裂状态。

在以色列，这种社会分裂存在于宗教群体与世俗人士之间。

极端正统派与大多数宗教中的宗教激进主义者持有相似的观点。

他们不会让自己的追随者看电影、上网，或与世俗人士混在一起。

每个星期六，这些人组成的团体都会在耶路撒冷市中心举行抗议。

处于这些抗议活动中心的是一家名为巴斯特的小咖啡馆，它的所有者是克里尔·利夫希兹（Klil Lifshitz）。

克里尔本人有两点是极端正统派所痛恨的，她是世俗人士和一名女同性恋。

她的小咖啡馆充满了更多他们讨厌的东西，这是一家对同性恋者很友好的素食餐馆，并且餐馆的工作人员都是女权主义者。

所以，每个周末都会有吵闹的示威游行者从克里尔的小咖啡馆经过。

2019年，欧洲电视网歌唱大赛在特拉维夫举行，这是一座开明的城市。

但歌唱大赛的准备工作是在周六白天完成的。

因为这一"极大的亵渎"，首席拉比呼吁将安息日延长20分钟。

在开明的特拉维夫，没有人太在意，但在耶路撒冷，极端正统派的抗议活动变得比以往更加愤怒和喧闹。

几十名愤怒的男子堵塞了街道，中断了交通。

耶路撒冷市中心被戒严。

警察被叫来消除混乱，但抗议者与警察发生了冲突。

抗议者和警察一样强壮，而且人数更多。

他们袭击了警察，警察被制服了。

就在这时发生了一件真正有创造力的事情。

这件小事扭转了局势，改变了一切。

这件事太有创造力，没有人能预见到它的到来。

克里尔和她的女服务员们从小咖啡馆出来，走到街上。

她们拉起身上的T恤并脱了下来。

然后她们跳上跳下，在头顶挥舞着T恤，将她们的内衣暴露在抗议者面前。

所有高大凶猛的暴徒都突然停了下来。

他们遮住眼睛，转过头去，飞快地跑开了。

他们所信奉的极端正统宗教不允许他们看**"穿着不得体"**的女人。

他们除了逃跑别无选择。

这些妇女继续跳上跳下，在空中挥舞她们的上衣，露出她们的内衣，直到全部暴徒消失。

局势已经被扭转了，靠的不是以暴制暴，而是以智取胜。

她们找到了暴力上游的一个弱点。

这是真正的创造力。

从那天起，每周的抗议游行都避开了克里尔的小咖啡馆。

看来极端正统派不能冒险暴露在**"穿着不得体"**的女性面前。

这是一个绝妙的教训——不让竞争对手设置你的议程。

有时候，你自认为的弱点其实是你的优势。

比尔·伯恩巴克就是这样通过为大众汽车和安飞士所做的宣传活动对广告产生了革命性的影响。

这就是广告人玛丽·韦尔斯·劳伦斯（Mary Wells Lawrence）为本森香烟所做的。

这就是卡尔·约瑟夫·艾丽（Carl Joseph Ally）为联邦快递所做的。

这就是约翰·韦伯斯特为吉百利所做的。

有时候，你拥有的最强大的东西根本不是传统意义上的优势。

有时候，你拥有的最强大的东西就是你认为的弱点。

万变不离其宗

西奥菲勒斯·范·坎内尔（Theophilus Van Kannel）于1842年出生在美国费城。

他出生在一个富裕的家庭，他的母亲定期举办沙龙。

在这些沙龙上，所有其他的母亲都喜欢展示她们教养良好的子女们。

这令西奥菲勒斯的母亲很是尴尬，因为西奥菲勒斯拒绝遵守规矩。

比如说，骑士精神对他来说毫无意义。

他不明白自己为什么要为女士开门，那些女士明明有能力自己开门。

西奥菲勒斯的行为让他的母亲尴尬不已，以至于她当着其他来宾的面打了他一巴掌。

当然，这也使得西奥菲勒斯更坚定地想要推翻这一规矩。

尤其是当他后来娶了一个女士，他发现，这个女士推崇骑士精神。

他的妻子希望只要她想通过，他就会为她打开家里的每扇门。

一天早晨，西奥菲勒斯从卧室里冲出来，说道：

"所有这些开门的蠢话都是没用的。我不可能在自己的家里一直跑来跑去，只是为了领你从一个房间走到另一个房间！你是一个成年人，你可以自己开门走出去。"

但他的妻子阿比盖尔同样固执，那天晚上他回到家时，她仍然坐在卧室里，就坐在他离开她时的那个位置。

西奥菲勒斯认为自己必须做点什么来解决为女士开门的问题。

所以，在接下来的三年里，他开始着手解决这个问题。

他为此事花了9837美元（相当于今天的25万美元），在1888年，他发明的**"风暴门结构"**获得了美国387571号专利。

这实际上是世界上第一扇旋转门。

这是解决他的问题的办法，因为现在男士先走更有骑士风度，这样他就可以推开门，让女士跟在后面。

因此，他在自己家和母亲家安装了14扇这样的门。

他对结果非常满意，并决定推销这种门。

当然，他必须将此作为一种合乎逻辑的改进推销给公众。

因此，他在一本销售手册中写道："**这扇门阻隔了一栋建筑内部和外部之间的直接通道，使其成为一个有用的局部气闸，最大限度地减少热量损失。**"

他还仔细地列出了所有卖点：

1. 它完全没有噪声。

2. 它能有效地防止雪、雨或灰尘进入室内。

3. 风无法把它吹开。

4. 它隔绝了街上的噪声。

5. 人们可以同时进出。

最初的广告语是："**总是关着的门**"。

用当时的话来说，它被宣传为能够防止"有害废气"进入室内。

旋转门的首次商业运用是在1899年被用于查尔斯·雷克托（Charles Rector）的餐厅，该餐厅位于西43街和西44街之间的时代广场中。

如今，旋转门几乎被用于世界上的每座写字楼。

讽刺的是，男士们还是会让女士们先走。

所以，不管西奥菲勒斯·范·坎内尔给门带来了多大的革命性变化，他并没有改变人们的行为，而这正是他发明旋转门的初衷。

在这个技术不断创新的时代，我们能从中学到什么呢？

正如比尔·伯恩巴克所说。

人类本能的形成花费了数百万年。

人类本能的改变甚至还要再花费数百万年。

谈论人的改变是一种时尚。

但一位传播者必须始终关注不变的人性。

同一词句，不同解读

1967年，约翰·列侬（John Lennon）离开了自己的妻子和儿子，并与小野洋子生活在一起。

保罗·麦卡特尼（Paul McCartney）不想让辛西娅·列侬觉得就因为约翰离开了，所以他也抛弃了她和朱利安，因此他开车到韦布里奇看他们。

作为一名作曲家，麦卡特尼自然而然地一边开车一边作曲。

他希望朱利安不要哭泣，那样只会让悲伤的情况变得更糟。

于是他唱道："嘿，朱利安，别难过。找一首悲伤的歌把它唱得更快乐。"

尽管他喜欢这首歌，但他觉得"朱利安"唱起来有点别扭。

所以他把名字改成了Jude，这首歌就变成了"Hey Jude"。

披头士乐队录制了这首歌，它于1968年发行。

与此同时，他们刚刚在贝克街开了一家名为"苹果"的时装店。

麦卡特尼对自己的新歌感到很自豪，并在窗户上贴上了歌名：HEY JUDE。

他认为这是宣传新歌的绝佳机会，因为所有的行人和公共汽车都会经过这个窗口。

就在这时，他发现他眼中的现实并不是所有人的现实。

他接到了一个电话，电话的另一头是一位老人，他的声音因愤怒而时断时续。

那个老人喊道："你是什么意思？你怎么敢？把它拿下来！把它拿下来！"

麦卡特尼试图问这个老人出了什么事。

那个老人喊道："犹太人！犹太人！犹太人！我们还没受够吗？我要派我儿子去揍你一顿！"

那人名叫莱昂先生，口音很重。最终，麦卡特尼明白了问题所在："Jude"在德语里是犹太人的意思。

这是一名从纳粹德国逃出来的犹太人。在纳粹德国，在犹太人的商店橱窗上有用灰浆刷着的大写的JUDE。

在整个纳粹德国，墙上和窗户上都刷着JUDEN RAUS（犹太人出去）。

保罗·约瑟夫·戈培尔（Paul Joseph Goebbels）制作了一部向所有人放映的宣传电影：《永恒的犹太人》（*DER EWIGE JUDE*）。

在老鼠四处乱窜的画面中，纳粹的画外音说道：**"老鼠通过毁坏人类的物品和食物，给人类带来毁灭。它们以这种方式传播鼠疫、麻风病、伤寒、霍乱、痢疾等。它们狡猾、懦弱、残忍，大多成群结队。在动物中，老鼠是阴险和暗中破坏的代名词——就像人类中的犹太人一样。"**

这就是莱昂先生逃离的世界，这就是商店橱窗里的"HEY JUDE"在他眼中的样子。

对我们来说，第二次世界大战看起来像是古老的历史，但1968年距离战争结束仅仅过了23年。

从长远来看，现在是2020年，23年前是1997年，这是最近的历史。

当然，麦卡特尼道歉了，他立即把这两个词从窗户上拿掉，并让那个老人相信自己没有恶意。

有趣的是，麦卡特尼眼中的现实并不是莱昂先生的现实。

保罗·麦卡特尼和约翰·列侬都是披头士乐队的音乐家，但约翰·列侬对这首歌的解读则完全不同。

列侬说了这样一句话：**"既然你发现了她，就去找她吧。"** 其实保罗的意思是，他可以离开妻子和孩子，和洋子一起离去。

这表明，词句是严格通过接收者的处境和经历这一过滤器而被接受和解释的。

这就是为什么我们不仅要对正确说话负责，还要对被正确理解负责。

正如符号学的创始人弗迪南·德·索绪尔（Ferdinand de Saussure）所说："每个人对语言中发生的事情都有自己的想法，而这一想法与事实相去甚远。"

如果我们不严格控制自己的交流方式和交流内容，别人就会这样做。

第三部分

无知是一种
秘密武器

🤜 他们想要什么就给什么

第二次世界大战之前，来自伦敦东区的人没有我们今天所熟知的假期。

比如，放假两周，什么都不做。

他们无福消受假期，如果他们不工作，他们就得不到报酬。

所以，他们最接近度假的办法就是去采摘啤酒花。

他们跳上一辆把他们带往啤酒花田的卡车。

然后他们在肯特郡待上两周，靠采摘啤酒花得到报酬。

他们喜欢这样，因为他们在乡下，在阳光下，在户外。

他们逃离了伦敦东区的尘垢和日常生活。

对他们来说，这就像放假一样。

但在"二战"后，工人们的情况发生了变化。

雇主必须给工人每年两周的带薪假期。

普通工人有两周什么都不用做的假期。

这对工人来说是一个全新的概念，因为他们从来没有过什么都不用做的假期。

他们不像中产阶级那样懂得如何享受闲暇时光：读书，听音乐会，参观博物馆、美术馆、历史或文化景点。

工人不知道该做什么。

就在这时，一个叫比利·巴特林（Billy Butlin）的人登场了。

比利·巴特林在战前曾是一家游乐场的老板，所以他知道如何帮助工人打发闲暇时间。

他意识到好几件同时发生的事情可以结合在一起：

1. 工人有两周的假期，但他们不知道去哪里或做什么。

2. 工人有钱找地方短暂地待上一阵子。

3. 随着战争的结束，军队被解散了，英国各地的军营都空了。

比利·巴特林把这三件事结合在一起。

他以低于实际价值一半的价格买下了空置的军营。

他把这些军营改造成了度假营地。

他在每个营地都投入了娱乐设施和娱乐项目：游泳池、舞蹈场地、宾果游戏、游乐设施、愚蠢的竞赛项目。

然后他用任何人都能理解的简单逻辑推出了一种全新的生活理念：**"用一周的工资换一周的假期。"**

每个人都能理解这句话，每个人都能明白这是如何做到的。

这听起来像是公平的交易，简单直接的交换。

用一周的工资换一周的假期。

谁不想这样呢？

比利·巴特林知道工人想要什么，他的这一认知发挥了重要作用。

为了确保工人不会感到无聊，比利·巴特林甚至雇佣了一些被他称为"英国兵"的人，这些人的工作就是一直逗工人开心。

这一创意举动培养了很多专业艺人，比如：本尼·希尔、德斯·奥康纳、克里夫·理查德、吉米·塔巴克。

这些艺人受过专门的训练，所以他们知道工人想要什么。

他们都变得像巴特林的度假营地一样成功。

在鼎盛时期，每年有100万普通人前往巴特林的度假营地。

知道普通人想要什么，这能赚很多钱。

专家并不比其他人更聪明

我爸是一名思想观念比较传统的警察。

很多年前，他被叫到一栋公寓楼上的一具尸体旁。

尸体仰面躺在房间中央。

这个房间里没有地毯，只有地板，几乎没有家具。

爸爸见过很多尸体，但这一具尸体看起来不太对劲。

对于一个刚刚倒下的人来说，这不是一种自然的姿势。

这个姿势看起来像是人为安排的。

但在法医到来之前，爸爸不能触碰尸体，所以他一直等着。

法医最终现身了，但是看起来他心情不太好。

爸爸说："这是尸体，先生。"

法医说："谢谢你，警官，我自己能认出一具尸体。"

所以爸爸没有说出自己的想法。

法医检查了脉搏，然后开始写证明。

爸爸说："先生，难道你不想让我们把尸体翻过来，好让你看得更清楚些吗？"

法医怒气冲冲地说："警官，你是医生吗？"

爸爸说："不，先生。"

法医说："我是医生，我一眼就能看出是心脏病发作。"

他继续在证明上记录了这个人死于心脏病发作。

最后他说："现在检查结束了，你们可以把尸体移走了。"

随后他转身准备离开。

爸爸和警员把尸体翻了过来。

正当法医准备出门时，爸爸说："呃，先生，打扰一下。"

法医翻了个白眼，呼出一口气："现在又怎么了，警官？"

爸爸开始数数。

他说："这个人背上有一、二、三、四、五、六、七处刺伤，先生。"

法医说："什么？"

爸爸说："我觉得刚才那个姿势看起来不自然。"

法医说："但是地板上没有血迹。"

爸爸说："不，先生，看起来他是在其他地方被杀后搬到了这里。我觉得这个姿势看起来有点滑稽。"

法医说："也许你说得对，警官。"

爸爸咽了口唾沫，没有回答。

但他确实因此事对专家有了一些了解。

很多专家认为自己无所不知，从来不需要听别人的意见。

如果出了问题也不是他们的错。

就像爸爸说的，一名普通警察对抗一名法医有什么意义？

但这个事例确实对我产生了影响。

我了解到专家实际上并不比其他人更聪明。

他们当然不能对一切了如指掌。

这一认识给了我们自由。

正如史蒂夫·乔布斯所说："生活中最重要的一课是，你身边的一切事物都是那些并不比你聪明的人制造的。而你可以改变这一切。"

或者，正如报业大亨威廉·伦道夫·赫斯特（William Randolph Hearst）所说："我不会聘请专家来告诉我该做什么。我会聘请专家来告诉我如何做到我想做的事。"

这对我们了解专家是很重要的。

无论是营销、技术、新媒体、战略、符号学领域，还是其他领域的专家，他们可能是他们所从事的领域的专家，但他们不是我们所从事的领域的专家。

🎖 我们时刻都在运用符号学

最具影响力的足球比赛之一发生在1966年。

虽然这场比赛不是决赛，但它是1966年英格兰世界杯足球赛中的其中一场。

这场比赛是英格兰对阵阿根廷的四分之一决赛。

裁判是德国人鲁道夫·克赖特林（Rudolf Kreitlein），他判阿根廷队犯规。

阿根廷队队长安东尼奥·拉丁（Antonio Rattín）不认同这一判罚。

事实上，他非常大声地表示抗议。

他以一种愤怒和威胁性的方式大声喊叫并做着手势。

在阿根廷，这可能是普通的行为，但德国裁判不会说西班牙语，他完全不理解拉丁的这些举动。

所以他把拉丁罚下场。

但拉丁无法理解这一判罚，他不会说德语，并且拒绝离场。

他对自己无法向裁判表达自己的想法感到沮丧，裁判则对球员不按自己说的做感到沮丧。

这场争论持续了八分钟，直到拉丁最终被说服离开赛场，比赛才重新开始。

第二天，报纸上都是有关此事的报道，以及杰克·查尔顿（Jack Charlton）和博比·查尔顿（Bobby Charlton）在那场比赛中被记名警告的报道。

这对查尔顿兄弟来说是个新闻，没人告诉过他们。

他们打电话给国际足联澄清情况，才发现是杰克被记名警告，而不是博比。

所以，裁判想的是一回事，媒体想的是另外一回事，而球员们自己想的则完全不同。

再加上裁判与阿根廷队长的争吵，这显然是一团乱麻。

当裁判无法让球员理解自己的意思时，如何能进行世界级的国际足球比赛？

简而言之，如何克服跨文化语言沟通障碍？

肯·阿斯顿（Ken Aston）是1966年世界杯的主裁判，这就是他所面临的问题。

当每个人都说不同的语言时，如何清楚地告诉他们发生了什么？

当阿斯顿从温布利开车前往兰开斯特门的时候，他一直在想这件事。

他开车朝肯辛顿大街的一组交通信号灯驶去。

当他接近交通信号灯时，信号灯变成了黄色，所以他放慢了速度。

当他更加接近时，信号灯变红了，所以他停了下来。

然后，他的脑海中灵光一现。

他想，人们虽然语言不通，但都能看懂交通信号灯：黄灯表示**"当心，减速"**，红灯表示**"停下"**。

回到家后，他向妻子希尔达解释了这件事。

她马上剪了两张不同颜色的卡片，大小刚好能塞进他的衬衫口袋。

现在，裁判不用说话，只需抽出一张红牌或黄牌，每个看见的人——球员、球迷、记者——都能知道刚刚发生了什么。

即使没有人说话，也没有任何困惑。

这是真正的符号学：没有语言的交流。

这两张卡片在世界各地每天进行的每一场足球比赛中发挥着作用。

这并不需要一群有学位的人来解决。

只要有人能像普通人一样思考就行了。

此外再加上大约30秒的常识。

正如比尔·伯恩巴克所说，"我们的研究领域是简单且永恒的人类真理。"

🏛 广告不是药物

1896年，简称"KT"或凯蒂（Katy）的密苏里州、堪萨斯州和得克萨斯州铁路公司正身处财务困境。

威廉·克鲁什（William Crush）负责吸引乘客和货物，他需要快速提高车票销量和公司知名度。

但在1896年的得克萨斯州，没有媒体可以打广告：没有电影，没有电视，没有广播。

因此克鲁什需要想出一个快速完成下列两件事的方法。

1. 为凯蒂公司进行大量免费宣传。

2. 让人们迅速在火车票上花更多的钱。

他在艾奥瓦州的铁路沿线长大，小时候经常想知道如果两列火车相撞会发生什么。

我认为，在每个正常人的内心深处，都潜藏着被压抑的摧毁事物的欲望。所以我相信，成千上万的人会和我一样好奇，想看看当两个高速行驶的火车头相撞时到底会发生什么。

这就是他的计划：将两列废弃的重达35吨的蒸汽火车以每小时50英里的速度迎头相撞，其相对速度是每小时100英里。

当然，他不能这么说，他不得不称之为"为研究铁路安全而设计的科学实验"。

凯蒂公司的管理层决定在得克萨斯州中部的韦科市以北15英

里处修建一段几英里的铁轨。

进入那里是免费的，但那里没有公路，抵达那里的唯一办法就是坐火车。

从得克萨斯州各地出发的票价如下：从奥斯汀出发的票价定在2美元，从休斯敦出发的票价则涨到了3.5美元。

如果能有2万人前来观看，凯蒂公司就会赚得盆满钵满。

活动现场来了4万人，活动大获成功。

几乎如此。

一名记者这样描述这次火车相撞：**"庞大的人群被恐惧惊呆了。一阵短暂的沉默后，仿佛受到一个冲击波的控制，两个锅炉同时爆炸，空气中充满了大小不等的钢铁飞弹，从一张邮票大小到半个驱动轮大小。"**

一位参加过南北战争的老兵说，这比葛底斯堡战役还要可怕。

这次火车相撞造成三人死亡，数十人受伤。

摄影师贾维斯·迪恩（Jarvis Deane）的眼睛被一枚螺栓击中后失明（但医生说他很幸运，螺栓卡在了他的眼窝上，阻止了螺栓进入他的大脑）。

如你所料，凯蒂公司的管理层立即解雇了威廉·克鲁什。

但之后发生了一件奇怪的事。

这起火车相撞表演为该公司带来了巨大利润，美国所有的报纸都报道了此事。

突然间，凯蒂公司成了美国最出名的铁路公司。

所以，凯蒂公司的管理层在第二天又把威廉·克鲁什给聘了回来。

事实上，纽约、芝加哥和明尼阿波利斯如今都想要自己的火车表演相撞。

就好像美国的火车相撞表演还不够多似的。

事实上，直到20世纪30年代，火车相撞表演一直是美国最大的娱乐项目之一，共进行了超过146起火车相撞表演。

我们可能瞧不起作为一种流行娱乐形式的火车相撞表演。

至于以广告宣传为目的的火车相撞表演，其品牌目的到底是什么呢？

但40年来，火车相撞表演取得了惊人的成功。

因为人们不希望别人对着自己说教，告诉自己应该喜欢什么。

人们不希望做广告像服用药物一样受到管理。

人们只想找到乐趣。

Ⅲ 凭感觉种地

农民不是科学家。

他们长时间在户外的各种条件下辛勤劳作。这是艰苦的体力劳动。

他们没有白大褂和实验室设备。

因此，分析土壤肥力是一个缓慢而昂贵的过程。

但了解土壤肥力至关重要。

因为土壤肥力决定了作物生长的优劣。

加拿大土壤协会（Canadian Soil Association）的测试方法具有真正的创造力。

该协会的工作人员向农民展示了如何快速而廉价地测试土壤肥力。

他们需要的只是一条脏兮兮的棉质内裤。

他们将穿过的内裤埋进一块地里，然后等上两个月。

两个月后把内裤挖出来。

如果内裤浑身是洞，而且正在分解，这就意味着土壤是健康的，是充满生命力的有机土壤，对作物的生长很有利。

但如果内裤仍然处于被埋进土壤时的状态，这就意味着土壤质量差，不利于作物生长。

充满生命力的有机土壤必须充满微生物、细菌、真菌、单细胞生物、线虫和蚯蚓。

这些生物会迅速分解一件棉质内裤。

如果内裤没有被侵蚀，就意味着土壤压根没有进行这一活动。

因此，这意味着土壤没有足够的营养来维持作物的健康生长。

加拿大和美国的加利福尼亚州的农民开始将这个简单的测试告诉他人。

他们称它为**"弄脏我的内裤"**。

这个测试大受欢迎，并传播到了英国、澳大利亚和新西兰等国家。

农民们可以在自家农场不同地块的不同区域"种植"几十条内裤。

他们需要知道土壤是否太干、太湿、酸性太强、碱性太强、过度疲劳、缺乏营养或其他有机物含量低。

然后，他们就可以弄清楚需要如何处理他们的土壤，以提高土质。

加利福尼亚州农民协会（California Farmers' Guild）的执行董事埃文·韦格（Evan Wiig）做了如下解释。

棉花是一种有机材料，它会像你放在堆肥堆上的其他任何东西一样自然分解。

所以，如果你把棉花埋在充满生命力的土壤中，土壤中所有的生物都会开始享用它。

如果你的土壤十分贫瘠，完全没有生命力，你应该可以把内裤从地里扯出来，扔进洗衣机，然后像什么事都没发生过一样穿上它。但如果你的土壤很肥沃，除了一条松紧腰带之外，你什么都不会剩下。

肥沃的土壤不只是对种植农作物的农民来说至关重要。

养牛或养羊的农民需要大量茂盛健康的草来喂养他们的牛羊。

这就是这个测试在世界各地农民中流行开来的原因。

这些勤劳的农民需要一个快速简单的答案，好让他们可以就此做些什么。

消息在国际媒体和农业媒体上都传开了。

我们可以从中学习是什么让这一测试流行起来的，它是如何像病毒一样迅速而广泛地传播开来的？

事实是，这个测试对任何纯棉的东西都一样有效。

不管是一件T恤、一条用来擦干碗碟的茶巾、一双袜子，还是任何一块棉布。

但是给它起"棉花土壤挑战"这样的名称是不会流行起来的。

它听起来不厚颜无耻和粗鲁无礼，也不像"弄脏我的内裤"这个名称那样有趣。

这个测试适用于任何纯棉制品，但不会得到一样多的媒体宣传。

它不会让人发笑，所以不会得到迅速而广泛的传播。

正如迪士尼公司创始人沃尔特·迪士尼（Walt Disney）所说，

"我们必须为了教育而进行娱乐，因为反过来是行不通的。"

⑪ 祖母知道得最清楚

乔·斯卡拉维拉（Joe Scaravella）住在布鲁克林。

仅仅一年时间，他就先后失去了祖母、母亲和姐姐。

为了逃离悲伤的记忆，他搬到了斯塔滕岛。

有一天，他在路上走着，突然发现路边有一家空着的商店，一些想法浮现在他的脑海中。

1.尽管身为意大利人的他不会做饭，但他一直想拥有并经营一家餐馆。

2.大多数餐馆声称自己是"**手工餐厅**"，尽管这实际上意味着留着络腮胡的年轻厨师只是在书本上读过传统手工食谱。

3.乔想念他生命中那个无所不能的祖母。

因此，把所有这些想法结合在一起后，乔突然有了一个主意。

如果他开一家真正的而不仅仅是理论上的手工餐厅会怎样？

如果他能找到像自己的祖母那样的真正的意大利祖母来做饭会怎样？

这些祖母不会从书本上学习食谱。

她们向自己的母亲学习做饭，她们的母亲也是向自己的母亲学来的，就这样代代相传。

乔知道在布鲁克林有这样的意大利祖母。

她们一生都在为已经去世的丈夫和已经长大离家的孩子们

做饭。

所以，这些祖母们现在做的饭已经没有人来吃了。

如果乔能给这些祖母们一份工作，让她们烹饪自己的传统菜肴，就能让她们重获新生。

于是乔在2006年开了一家名为"安娜塔卡·玛利亚（以他母亲的名字命名）"的餐厅，并立即获得了成功。

这个餐厅提供的食物和其他意大利餐馆都不一样。

这是穷人的传统食物：羊头、羊肝、羊心、羊肚——这些食物在其他任何地方都找不到。

在2015年的一天，乔突然想到纽约有很多来自世界各地的祖母，不仅仅是意大利祖母。

乔开始扩张餐厅，提供不同国家的祖母制作的传统食物。

其中一位祖母将永远是意大利人，而另一位祖母的国籍每晚都不相同。

所以，周一——巴基斯坦，周二——斯里兰卡，周三——菲律宾，周四——亚美尼亚，周五——俄罗斯，等等。

如果你喜欢，随时都可以选择传统的意大利食物。

但这些食谱是你在其他任何地方都找不到的，它们是真正的民间食物，由那些伴随着在任何烹饪书籍中都找不到的食谱长大的人制作而成。

祖母们很喜欢这样的生活。

她们可以和来自世界各地的祖母见面并交换食谱。

她们可以为一家坐满了爱吃她们食物的顾客的餐厅做饭。

顾客们一次又一次地回来，因为每天晚上乔的餐厅都是一家不同的餐厅：波兰餐厅、尼日利亚餐厅、叙利亚餐厅、哥伦比亚餐厅、希腊餐厅、阿根廷餐厅、捷克餐厅、厄瓜多尔餐厅、多米尼加餐厅、阿尔及利亚餐厅、利比里亚餐厅。

每天晚上，乔的餐厅都人满为患。

乔不敢相信，有人甚至还没到纽约，就从伦敦、悉尼和巴黎预订座位。

乔不敢相信，人们会乘坐斯塔滕岛渡轮来他的餐厅。

就像他说的，曼哈顿就在不远的地方：曼哈顿有24457家餐厅，其中7995家被评为世界上最好的餐厅。

为什么会有人坐渡轮来一家位于斯塔滕岛的餐厅呢？

这个问题的答案在广告业和其他任何领域都能发挥重要作用。

答案是，乔的餐厅与众不同，这就是其成功之处。

🥌 谁把它放在那儿的

在导演雷德利·斯科特（Ridley Scott）的电影《1492：征服天堂》（1492：Conquest of Paradise）中展示了这样一个场景，

哥伦布看着一艘船消失在地平线上，他由此推测地球可能是圆的。

显然，在哥伦布之前，大多数人认为世界是平的。

显然这不是真的。

如果这是真的，为什么会有人资助他去世界的边缘探险呢？

不，几百年前人们就知道地球是圆的。

但这就是他们所知道的全部，其他一切都是猜测。

那时，探险的唯一原因就是贸易和利润。

而对香料和丝绸贸易来说，远东地区是最有利可图的。

因此，途经君士坦丁堡的陆上香料之路（Spice Route）成了传统路线。

但是君士坦丁堡在1453年遭到奥斯曼帝国占领。

因此必须找到一个替代方案。

葡萄牙当时是世界上最强大的国家，他们开始探索通往远东的海上航线。

1488年，巴尔托洛梅乌·迪亚士（Bartolomeu Dias）沿非洲海岸航行，并绕过了好望角。

与此同时，阿拉贡国王斐迪南二世（Ferdinand Ⅱ）刚刚迎娶了卡斯提尔女王伊莎贝拉一世（Isabella Ⅰ）

他们统一了两个国家并建立了西班牙。

他们对于找到一条比葡萄牙人更好的海上航线感兴趣。

哥伦布就是这样说服斐迪南二世和伊莎贝拉一世允许自己率

领船队向西航行的——穿过大西洋到达远东。

他们以为一路上除了大海之外什么都没有。

他们之所以同意，原因很简单，哥伦布把距离算错了。

当然，他不知道路上有美洲，没有人知道这一点。

但比这更重要的是，哥伦布认为世界比实际要小。

根据哥伦布的说法，地球的周长是2.5万海里，而非实际的4万海里。

所以哥伦布计算出从加纳利群岛到日本的距离是2000海里，而非实际的1万海里。

实际距离比他想象的距离要远出5倍。

如果他试图在不登陆的情况下驶过这段距离，他的所有船员都会在他还没走到一半的时候死于饥渴。

所以哥伦布的无知救了他。

但他的无知并没有到此为止。

因为哥伦布从未到过美洲，所以他不知道那里有一个新大陆。

1492年，他登上了今天被称为西印度群岛的其中一组岛屿。

这些岛群被称为西印度群岛，因为那是哥伦布认为他在的地方——印度尼西亚和马来西亚。

他以为自己已经到达了远东。

1493年，为了解决葡萄牙和西班牙这两个超级大国之间的争端，教皇亚历山大六世（Alexander Ⅵ）在非洲最西端的亚速尔群岛和佛得角群岛以西100里格❶处画了一条南北走向的垂直分界线。

他把分界线以西的所有土地（非洲、印度、中国）都给了西班牙。

他把分界线以东的所有土地——他认为的新世界——都给了葡萄牙。

1494年，西葡两国缔结《托德西拉斯条约》（*Treaty of Tordesillas*），将上述分界线向西移了270里格。

移动后的分界线实际上将南美洲一分为二，这就是为什么今天巴西说葡萄牙语，而其他国家都说西班牙语。

6年之后的1500年，佩德罗·阿尔瓦雷斯·卡布拉尔（Pedro Álvares Cabral）发现了当时无人知晓的巴西。

1502年，阿美利哥·韦斯普西（Amerigo Vespucci）登上了美洲大陆。

他明确提出这是一块新大陆——这就是为什么这块大陆被命名为阿美利加（America）而不是哥伦比亚。

哥伦布直到人生的最后一刻都坚信自己发现了一条通往印度和中国的新航线。

他从来不知道自己发现了世界上近三分之一的陆地。

---

❶ 里格，长度单位，1里格合3海里，约5.5千米。——译者注

这就是无知的力量和价值。

为什么简单更明智

但凡我们有一点能力，我们都希望自己的作品能够像病毒一样传播开来。

这就是我们过去常说的"融入日常语言"或"口碑"。

今天，它也被称为"赢得媒体"（媒体有三种：付费媒体、自有媒体和赢得媒体。）

赢得媒体是我们免费创造的媒体：通过让人们在日常话语中使用它。

如果我们能做到这一点，我们就创造了免费媒体，并将我们的预算扩大了许多倍。

每次有人重复谈论它，它都是我们没有付钱的媒体。

我们做到这一点的方式是创作出某种人们想要重复谈论的内容、某种有趣或有用的内容。

有一种观点认为，使某种内容像病毒一样传播的唯一方式就是使其在所谓的"病毒式媒体"上传播：互联网上的YouTube、Facebook、社交媒体。

但这不是事实，每天出现在互联网上的内容中有99%都会消失。

永远都是事实的内容才是事实，人们喜欢的内容会像病毒一样传播。

如果我们想要学习如何行动，就让我们看看一些已经"像病毒一样传播"并进入日常用语的语句，以下列语句为例：

"Out of the frying pan into the fire"（刚出油锅又入火坑）

"There's no point closing the burn door after the horse has bolted"（马匹脱缰之后再关上谷仓门没有用）

"Every man for himself"（人人为己）

"Don't put the cart before the horse"（不要本末倒置）

"Half a loaf is better than none"（半条面包总比没有好）

"Every dog has its day"（凡人皆有得意时）

"You can lead a horse to water but you can't make it drink"（牵马到河易，强马饮水难）

这些语句能够在没有技术辅助的情况下像病毒一样传播开来。

事实上，它们都出自一人之手，此人出生在美洲被发现的那个时代，而他去世的那一年，西班牙无敌舰队还未组建，互联网和电力还未问世。

此人的名字叫约翰·海伍德（John Heywood），生于1497年，卒于1580年。

他不是像莎士比亚那样的著名剧作家，而是一名表演者。

但他常常自己写一些简单的剧本，将自己的唱歌、跳舞和杂耍结合起来。

在亨利八世（Henry Ⅷ）的宫廷记录中，他被列为"演唱者"，每季度获得100先令的报酬。

写作只是表演的一个借口，所以他保持语句的简单和朗朗上口。

普通人喜欢简单和朗朗上口的语句，所以他写下的语句一直在迅速而广泛地传播，在人们的日常用语中保留了500年。

看看你能不能认出这些写于1542年时的语句：

"Haste maketh waste"（欲速则不达）

"Out of sight out of mind"（眼不见心不烦）

"Look ere ye leap"（三思而后行）

"Two heads are better than one"（三个臭皮匠，顶个诸葛亮）

"Beggars should be no choosers"（乞丐不应该挑肥拣瘦）

"I know on which side my bread is buttered"（我知道自己的利益所在）

"One good turn asketh another"（善有善报）

"A penny for your thought"（你在想什么）

"Rome was not built in one day"（罗马不是一天建成的）

"This hitteth the nail on the head"（正中要害）

"Better late than never"（亡羊补牢，为时不晚）

"The more the merrier"（多多益善）

"You cannot see the wood for the trees"（只见树木，不见森林）

"Wolde ye both eate your cake and have your cake？"（你能够鱼与熊掌两者兼得吗？）

也许，如果我们能够不再对技术和复杂性念念不忘，我们就能学会写这样的内容，那些受普通人欢迎的内容。

像病毒一样传播的内容，而不是刚出现没多久就消失的内容。

⑪ 宣传就是做广告

在学校，我们都学过有关西班牙无敌舰队的知识。

1588年，一支庞大的西班牙舰队试图入侵英国。

这支舰队将从荷兰带来一支庞大的军队。

西班牙舰队在加莱停泊了一夜，但英国派出了喷火船。

这些喷火船相当于导弹：装满燃烧的沥青、硫黄、火药和焦油的无人船只。

风和潮汐把这些喷火船直接带到了抛锚停泊的西班牙舰队中央。

木质舰船上的水手最害怕的就是火灾，他们没有时间起锚，于是他们砍断锚缆逃生。

因为风的原因，他们无法沿着英吉利海峡往回走，所以他们试图绕过苏格兰和爱尔兰逃跑，但随后刮起了猛烈的风暴。

西班牙人无法用锚阻止他们的舰船被吹到岩石上，所以他们的很多舰船被撞毁，之后又遭到劫掠。

5000人或被淹死，或遭到当地的苏格兰人和爱尔兰人屠杀。

舰队的剩余兵力一瘸一拐地逃回西班牙，西班牙海上力量就这样终结了。

至少，学校是这么教我们的。

从来没有人告诉我们紧随其后的1589年发生了什么。

这一年，一支英国舰队反过来尝试了同样的事情。

英国人试图用一支和西班牙无敌舰队一样庞大的舰队入侵西班牙。

结果和西班牙人的经历非常相似。

比较一下这两支舰队：

1588年，西班牙舰队有130艘船；1589年，英国舰队有150艘船。

1588年，西班牙舰队有26000人；1589年，英国舰队有23000人。

1588年，西班牙舰队损失了11000人；1589年，英国舰队损失了19000人。

1588年，西班牙舰队损失了63艘船；1589年，英国舰队损失了58艘船。

我们在学校从来没有学过这些，因为这不是英国历史的一部分。

历史主要是宣传，而宣传是广告的另一种说法。

就像广告一样，在宣传中，你希望你的产品看起来很好，所以你只提好的部分，而不提坏的部分。

英国人一直非常擅于宣传。

每个学童都知道的六大历史胜利是：黑斯廷斯战役（Battle of Hastings）、阿金库尔战役（Battle of Agincourt）、西班牙无敌舰队战役（Battle of the Spanish Armada）、滑铁卢战役（Battle of Waterloo）、敦刻尔克战役（Battle of Dunkirk）和阿拉曼战役（Battle of El Alamein）。

问题是，其中两大胜利实际上是战败：黑斯廷斯战役和敦刻尔克战役。

但它们并没有被作为失败教给学生。

这就是比尔·伯恩巴克教给我们的关于广告的知识，即如何将消极因素转化为积极因素。

另一件有趣的事情是，西班牙人并没有像英国人在此前一年公布西班牙战败的消息那样公布英国人在1589年战败的消息。

这是因为，在当时，西班牙统治着世界。

实际上，西班牙相当于市场领导者，只对市场扩张感兴趣：将市场扩张到大西洋彼岸的新世界里的新领土。

英格兰只是一个市场挑战者，西班牙不需要为了从其手中夺取市场份额而与之展开竞争。

但由于英格兰是一个较小的品牌，他们的注意力集中在从更大的品牌手中夺取市场份额，这个更大的品牌就是西班牙。

因此，英格兰竭力宣传西班牙在1588年的失利，以此在每个人的心中将英格兰提升为市场领导者的竞争对手。

英格兰很快就成了市场领导者的竞争对手，并最终成为市场领导者。

这证明宣传（比如广告）可以比真相更强大。

⊕ 肉罐头

与第二次世界大战不同，第一次世界大战是在非常小的区域内展开的。

战壕绵延400英里，双方倾尽所有相互炮击。

所以，几年之后，交战区就如同一锅又深又泥泞又黏糊的粥。

那里有很多带刺的铁丝网，你看不清它们始于何地又终于何处。

难怪双方都动弹不得。

英国人认为他们发明了一种方法可以绕过这一障碍：坦克。

坦克就如同一个有轨道的药盒，可以在泥泞和铁丝网上移动。

它既粗糙又原始，基本上就是一个内部装了一台发动机的金属房间。

它需要九名乘员操纵，移动起来像走路一样缓慢。

坦克的早期应用之一是在1917年的巴雪戴尔战役。

指挥一辆特殊坦克的是唐纳德·理查森（Donald Richardson）上尉。

驾驶员是他的副官乔治·希尔（George Hill）中尉。

当炮弹击中坦克侧面时，金属碎片炸开，像刀片一样在空中旋转。

其中一块碎片击中了希尔，他向前一倒压住了油门，坦克随之滑进了一个弹坑，陷在了里面。

二等兵布雷迪打开舱门从坦克里出来，试图救出坦克，但被击毙了。

二等兵特鲁试图接替他，但也被弹片击中了。

当德国人发起进攻时，乘员们用步枪和手枪透过坦克上的缝隙击退了他们。

坦克乘员们日夜不停地抵抗德军的进攻。

第二天，二等兵阿瑟斯被打进坦克内部的弹片击中。

此后，一名德国人透过一条狭缝往坦克里扔了一枚手榴弹，理查森上尉朝此人开枪，二等兵莫里则在手榴弹爆炸前把它扔了回去。

这辆坦克的乘员们又坚持了一天，但此时的英国人和德国人一样开始炮轰这辆坦克，因为英国人不希望坦克被德国人俘获。

米森中士自告奋勇爬过无人地带，回去告诉英国人坦克里还有活着的士兵。

乘员们没有水喝，所以到了第二天，他们只能喝发动机的散热器里的水。

二等兵莫里和一等兵宾利都被打进坦克内部的弹片击中。

到了第三天，坦克乘员们的弹药已经耗尽，没有人来接他们，很明显他们必须设法回到自己的战线。

于是，在黑暗中，他们开始在泥浆、铁丝网和尸体中爬行。

令人惊讶的是，最初的九名坦克乘员中有八人都活着回来了。

但这些都不是这个故事中我最喜欢的部分。

我最喜欢的部分是坦克乘员们在攻击开始前给坦克取的名字。

在坦克侧面用大写字母写着"弗赖本托斯"这个名字。

弗赖本托斯是工人阶级的肉罐头品牌：咸牛肉、牛排和腰子派。

这种廉价但能持久保存的肉罐头是军队的主要肉类配给品，它以包装工厂所在地乌拉圭的弗赖本托斯镇命名。

我喜欢的是坦克里的人的幽默。

他们不称自己的坦克为"胜利"，或者"自由"，或者我们现在所说的**"品牌目标"**。

他们想要笑料，所以就用肉罐头的名字给它命名，这就是坦克给他们的感觉。

他们只是想要笑料，这是营销专家无法理解的。

普通人不想要一个浮夸的品牌目标，他们想要的是笑料。

他们忽略浮夸的品牌目标，但心存感激地在他们的生活中加入了一个笑料。

如果我们开怀大笑，世界就会变得更好，它能帮助我们保持洞察力。

这也许就是为什么**弗赖本托斯**的车组会成为整场战争中受到最高表彰的坦克车组。

第四部分

简单即明智
复杂即愚蠢

⑪ 好主意不在乎谁拥有它

1879年，一位名叫詹姆斯·默里（James Murray）的苏格兰人开始编撰《牛津英语词典》（*Oxford English Dictionary*）。

这是一项简单却浩大的工程：列出每一个英语单词。

不仅仅是使用频率最高的几千个单词，而是每一个单词，无论这个单词多么晦涩。

也不仅仅是单词的释义，还有它首次出现和被修改的时间。

这是一项疯狂的工程，常人几乎无法理解。

它意味着阅读每一本已出版的英文书籍中的每一个单词，不管它们多么深奥。

但问题是他们永远都负担不起所需的大量人力。

因此，詹姆斯·默里在1879年发明了"众包"的方式。

他印制了一份四页的传单，用以呼吁志愿读者。

他把传单寄给英国、美国和英国殖民地的报纸和杂志。

他甚至把传单寄到书店，插入书中，并陈列在书店柜台上。

他号召读者记下单词、它们的含义以及它们最初的出处。

他收到了大量读者回信，最终回信数量高达600万份。

这项工作看起来遥遥无期（最终耗时70余载）。处理这些良莠不齐的读者来信都要花上几年时间。

詹姆斯·默里开始沮丧起来，如此疯狂的任务怎么可能完成？

但突然之间，他开始在1881年收到威廉·切斯特·迈纳（William Chester Minor）医生的回信。

每个邮包里都有上百个定义以及关于每个单词最早出处的信息，其中一些单词可以追溯到几百年前。

工作量——清晰度和对细节的关注——是惊人的。

只有有钱、有教养、有学问同时又有大把时间的人才能执行这项任务。

多年以来，迈纳医生的投稿达到了数千份。

在该词典的序言中，詹姆斯·默里表达了他的感激之情：

"在加强我们对每个单词、短语和结构的文学史阐释方面，威廉·切斯特·迈纳医生的不懈努力是极为宝贵的，他持续不断地为待出版的单词提供额外的引文。"

截至1889年，詹姆斯·默里和迈纳医生已经通信长达8年之久，其间不曾见面。

一天，哈佛大学图书管理员贾斯廷·温莎（Justin Windsor）博士对詹姆斯·默里说：**"你在你的序言中所说的关于可怜的迈纳医生的话给许多美国人带来了极大乐趣。这真令人难堪。"**

詹姆斯·默里问道，这样一个有教养、有文化的人会有什么问题？

温莎博士很惊讶他竟然对迈纳医生的实际情况一无所知。

他解释说，迈纳医生是英格兰布罗德莫罪犯精神病院的病人。

迈纳医生是美国人，曾在伦敦枪杀了一名无辜的男子。

迈纳医生相当疯狂。

很明显，正是迈纳医生的疯狂使他成了这项工程的完美人选。

他有文化，有教养，执着，痴迷，除了大把的时间什么都没有。

因为他有一笔来自美国陆军的退休金，但没有花这笔钱的地方，因此他把自己的小房间布置得像个图书馆，里面摆满了各种英文书籍。

他醒着的每一分钟都花在了痴迷地阅读和做笔记上。

这本词典成了他生命的一部分。

如果没有他的疯狂贡献，这个疯狂的工程可能永远不会完成。

然而，如果詹姆斯·默里事先知道迈纳医生的情况，他可能会拒绝迈纳医生的帮助。

他可能不会允许一个精神病患者接近这样一本学术著作。

要是这样的话，我们今天可能就没有《牛津英语词典》了。

这证明了我在职业生涯早期学到的某样东西。

在英国，我们经常被上层社会的口音或花哨的职衔所诱惑。

但一个想法的好坏并不取决于它的来源：战略家、营销人员或是富有创造力的人。

你判断的应该是想法本身，而不是看它出自何处。

好主意不在乎谁拥有它。

⑾ 任何傻瓜都能把事情复杂化

1968年，年轻的美国医生戴维·纳兰（David Nalin）在孟加拉国工作，该国再次爆发的霍乱正在夺取数以万计的生命。

霍乱的主要症状是腹泻。

腹泻导致死亡的主要原因是脱水。

治疗脱水的唯一已知方法是静脉滴注，以补充失去的体液。

这在城市医院不成问题，但大多数患者死在农村。

在农村的患者没有条件进行静脉滴注。

戴维·纳兰突然有了他所谓的顿悟。

静脉滴注曾被认为是唯一一种将液体留在体内的方法。

但如果还有其他办法呢?

他知道盐分可以留住液体，但问题是身体不能吸收盐分。

这改变了他的关注点。

将他的关注点转移到什么能帮助身体吸收盐分上。

他发现葡萄糖有助于身体吸收盐分。

所以，他有了一个配方的雏形：糖有助于吸收盐分，而盐分有助于吸收水分。

在丛林中的一个帐篷里，他和同事理查德·卡什（Richard Cash）医生开始计算所需的成分比例。

通过反复试验，他们算出来了。其成分比例是：半茶匙盐、六茶匙糖、一公升清水。

在他们位于丛林的帐篷里，他们发现这个方法很有效，他们开始用这个方法挽救生命。

比例是正确的，但"一茶匙"的概念很难在农村推广开来。

他们需要一种人人都懂的语言。

所以他们将其简化为：**一撮盐、一把糖、一壶开水**。

就算村民们不知道一茶匙的量是多少，但每个人都知道一撮和一把是多少。

这个配方开始挽救偏远村庄里的生命。

以至于在1993年至1994年，每一封通过孟加拉国邮局的信件上都被盖上了一首押韵诗。

翻译成中文就是："好水，一品脱。一把糖。一撮盐。永远结束威胁。"

自从它被开发出来，它就被称为口服补液疗法（Oral Rehydration Therapy，ORT）

《柳叶刀》（*The Lancet*）杂志在谈到口服补液疗法时说：

"自从采用了这种廉价且易于应用的干预措施以来，全球患急性感染性腹泻儿童的死亡数量已从每年500万骤降到大约130万。在过去40年里，口服补液疗法的应用挽救了5000多万人的生命。"

联合国儿童基金会（Unicef）在1987年表示："**20世纪没有任何一项医学突破能够在如此短的时间内以如此低廉的成本防止如此多的人死亡。**"

记者杰里米·劳伦斯（Jeremy laurence）说："哪种药物拯救了最多的生命，而且任何人在自己的厨房、卧室、棚户区小屋或木棍搭成的简易房里都能制造出这种药物？"答案是：6茶匙糖、半茶匙盐、一升水，混合并饮用。它不需要专业的设备，使用无处不在、保质期长的成分，想制作多少就制作多少，真是完美的药物。"

戴维·纳兰的同事理查德·卡什医生的说法略有不同。

他用我们都可以学习的方式表达出来。

这与我们这行的大多数人的做法都截然不同。

这是让我们很多人感到受威胁的东西。

但这就是区别平庸之辈和真正杰出之人的秘密。

理查德·卡什医生说：**"把一件事变得简单确实比把它变得复杂困难得多。"**

🥊 酒后吐真言

美国总统与加拿大总理发生了激烈的争吵。

加拿大总理对美国加征进口钢铁关税表示失望。

美国总统如此答复："**你们曾烧毁过白宫。**"

这句话不完全正确。

白宫确实在1814年被烧毁。

但加拿大并没有这样做，事实上，加拿大在1814年还不是一个国家。

实际上是英国人烧毁了白宫、国会大厦和华盛顿的大部分地区。

这是对美国早些时候入侵并烧毁多伦多附近的约克郡所做的回应。

在烧毁华盛顿三周之后，英国人袭击了巴尔的摩。

英国人向切萨皮克湾派遣了一个海军中队，在那里，对他们而言唯一的障碍就是麦克亨利堡。

作为一名观察员，美国诗人弗朗西斯·斯科特·基（Francis Scott Key）也在这艘英国旗舰上。

他为美国国歌创作的歌词，就是关于那场战斗的。

负责麦克亨利堡的乔治·阿米斯特德（George Armistead）少校拒绝投降。

因此，英国海军中队发射了他们所有的弹药，据阿米斯特德估计，有1500~1800枚炮弹和火箭弹。

整个晚上，堡垒逐渐变成了废墟，正如基后来写到的那样：

"火炮闪闪发光，炸弹轰轰作响。"

但在第二天早上，当烟雾散去，美国国旗仍在堡垒上空飘扬。

麦克亨利堡没有投降，所以英国海军中队掉头离开了。

基感动万分，写下了所有人都耳熟能详的开场白：

"哦，你可看见，透过一线曙光……"

他就这样创作了一首爱国的感人诗篇。

但为了让这首歌吸引公众的想象力（用我们的话说就是让它"像病毒一样传播"），他需要把这首歌变成人人都能参与和演唱的东西。

他需要为他的诗歌配上曲调。

当时，大家都在歌唱的曲子叫作**"阿那克里翁之歌"**（*The Anacreon Song*）。

这是一首由约翰·斯塔福德·史密斯（John Stafford Smith）于1770年前后创作的英国饮酒歌。

这是阿那克里翁协会（The Anacreontic Society）的颂歌，献给这位歌颂爱情和美酒之乐的古希腊抒情诗人。

他们主要的聚会地点是位于斯特兰德街的"皇冠与锚"酒吧。

作为一首饮酒歌，所有人一起唱再合适不过了。

尤其是结尾那激动人心的合唱。

在最初的英国版本里，这句合唱的歌词是：

"这些都是一起学习缠绵的好伙伴，就像酒神的藤蔓缠绕着美神的胡桃。"

但在美国版本里它变成了：

"你看星条旗不是还高高飘扬，在这个国家，勇士的家乡？"

而这是我最喜欢的。

你可以在歌词中随心所欲地表达你的幻想和狂妄。

但如果你想让歌词在普通人中流行起来，你就必须了解真正对普通人起作用的是什么。

真正起作用的是你在酒吧都可以参与其中的音乐、笑话或故事。

不是大学的辩论室，也不是艺术学校的电影俱乐部。

如果没有这首朗朗上口的简单曲调，也就是这首饮酒歌，我们中的大多数人可能永远都不会听到弗朗西斯·斯科特·基的这首诗。

这肯定不会成为美国的国歌。

简洁扼要等于清晰明了

现如今，似乎没有人能够回答"**是**"或"**不是**"。

你可以去看看任何一位接受电视采访的政客。

阅读任何一篇英国Campaign杂志对广告公司首席执行官的专访。

参加任何一场会议，或阅读任何一份简报。

他们的全部工作似乎就是尽可能地说很多话，却未传达出什么有用的信息。

所以，仅仅用一个词作答可能吗？

1944年，美国101空降师由安东尼·克莱门特·麦考利夫（Anthony Clement McAuliffe）指挥。

希特勒倾其所有进行最后一搏，一支大军包围了在比利时城镇巴斯托涅的第101空降师。

作为一支空降部队，第101空降师装备了轻型装甲，而德国人则拥有重达50吨的最新型虎式坦克。

1944年12月22日，海因里希·冯·吕特维茨（Heinrich Freiherr von Lüttwitz）将军以停战的名义派出4人送来最后通牒，内容如下。

致巴斯托涅镇包围圈中的美军指挥官：

战争走向正在改变。这一次，在巴斯托涅及其附近的美军已

被强大的德国装甲部队包围。

更多的德国装甲部队已经越过奥特维尔附近的乌尔河，占领了马尔什，并到达了圣于贝尔。

利布拉蒙已在德国人手中。

想使被包围的美军免于灭顶之灾只有一种可能：那就是体面地交出被包围的城镇。

从最后通牒提交开始，贵军有两小时时间考虑。

倘若贵军拒绝这一提议，一支德军炮兵部队和六个重型高炮营已经做好消灭巴斯托涅镇内及附近地区美军的准备。

只待两小时一过，便即刻下令开火。

炮击势必会使无辜平民死伤惨重，有违贵国一贯重视人道的原则。

德军指挥官上

麦考利夫将军想了想，送出了自己的回复，内容如下。

致德军指挥官：

呸！

美国指挥官

德军指挥官说了152个字（英文原文），而美军指挥官只说了一个字。

麦考利夫知道，不管用了多少个字，最终都可以归结为一件事：投降或战斗。

所以他就在那张纸条上开始了战斗，忘了礼貌吧，如果我们要开始杀死对方，那就动手吧。

但这一个字鼓舞了他的军队，这正是他们需要听到的。

有趣的是，麦考利夫的私人助手后来说：**"麦克将军是我认识的唯一一位不会说脏话的将军。"**

正因为如此，美国的报纸得以重印，它通过展示美国士兵严肃务实的战斗精神来鼓舞士气。

德国人从未占领巴斯托涅。

我发现，语言的使用量和行动是成反比的。

"laconic"一词来自斯巴达的拉科尼亚地区，形容简短精练的话语。

众所周知，斯巴达人更喜欢行动而不是空谈。

在大多数希腊城邦向马其顿王国的腓力二世（Philip Ⅱ）投降之后，腓力二世向斯巴达发出了如下信息。

如果我赢得这场战争，你们将永远是奴隶。我建议你们立即投降，因为如果我带领我的军队进入你们的土地，我将摧毁你们的农场，屠杀你们的人民，将你们的城市夷为平地。

斯巴达人发回了如下只有两个字的答复。

如果。

腓力二世一直未能进入斯巴达。

🏷 彻彻底底的康德

西德尼·摩根贝瑟（Sidney Morgenbesser）在哥伦比亚大学担任哲学教授长达50年之久。

所以他忍不住把每一次谈话都变成一场哲学讨论。

一天晚上，他正从地铁走上楼梯，并开始点燃他的烟斗。

一名纽约警察让他停下，说地铁上禁止吸烟。

我们中的大多数人只会说"**对不起，警官**"，然后一直等到我们抵达地面再吸烟。

但摩根贝瑟说："**我不是在地铁上，我出了地铁，几乎在街道上了。**"

纽约警察可不喜欢有人和他们争论。

警察说："**我告诉过你，在你到达人行道之前不要点燃它。**"

摩根贝瑟说："**这有什么坏处吗？我距离人行道只有几步之遥。**"

警察说："**因为如果我允许你这么做，我就得允许所有人都这么做。**"

摩根贝瑟回答说："**你以为你是谁，康德（Kant）吗？**"

在摩根贝瑟的课堂上听到这4个字母，它们会被理解成18世纪一位著名德国哲学家的名字。

但这是一名纽约街头的警察，他对这4个字母的理解完全不同。

在这名警察听来，这明显是对他的侮辱。

这名警察给摩根贝瑟戴上手铐，把他带到分区警察局，关进了牢房。

摩根贝瑟只打了一个电话，他打给了哲学系的一位同事。

这位同事火急火燎地赶来向逮捕摩根贝瑟的警官和接待警员解释伊曼努尔·康德是谁，说那句话指的是康德的"绝对命令"。

康德对绝对命令的定义是这样的："**除非愿意自己的准则变为普遍规律，否则你不应该行动。**"

换句话说，你必须按照你对每个人的要求行事。

例如，如果你可以乱扔垃圾，你就必须相信每个人都可以乱扔垃圾。

在这种情况下，到处都会是垃圾，因为这就是你的行为所暗示的。

但如果你认为不应该到处都是垃圾，那么你就会在道德上迫使自己永远不乱扔垃圾。

不能给你一个规则，而给所有人另一个规则。

这就是康德的"绝对命令"。

因此，摩根贝瑟的回答"**你以为你是谁，康德吗？**"是对警察"**如果我允许你这么做，我就得允许所有人都这么做**"的回应。

他是在问那名警察是否认为自己在执行康德的绝对命令。

但地铁站外的街道并不是与纽约警察局成员进行深奥哲学讨

论的最佳场所。

这是摩根贝瑟的失误，他说的话没有错，但他没有在合适的场合说这些话。

这通常是沟通的问题。

我们不考虑语境，我们说话时就好像我们总是在理想的环境中。

我们设计的广告看起来很美观，这些广告可以放在会议室的桌上或墙上，可以放在《设计与艺术指导年鉴》（*D&AD Annual*）上，也可以放在颁奖典礼的屏幕上。

但我们无法判断它们能否在现实世界中起作用，在现实世界中，人们在乘车或走路时，都在他们的笔记本电脑上或手机上忙着做其他事情。

我们拿一条在电视上播放的30秒电视间断广告，将其直接放在YouTube上播放。

我们不会在和别人说话之前先检查他们的想法。

这就是为什么只有4%的广告被积极地记住，7%的广告被消极地记住，而高达89%的广告则没有被注意或记住。

因为我们只对在自己的世界中发生的事情感兴趣。

正如鲍勃·利文森（Bob Levenson）所说：**"大多数人忽视广告，是因为广告忽视了大多数人。"**

⑪ 想象一下对普通人说话的情景

英国人羞于像普通人那样说话，他们认为那种说话方式既土气又丢脸。

英国人喜欢用冗长复杂的词句来显示自己的智力。

但我是在纽约接受培训的，恰恰相反，像普通人那样说话并不会让美国人觉得尴尬。

美国人认为像普通人一样说话是他们应该做的，这样更有说服力。

你可能会说，英国人渴望成为白领，而美国人渴望成为蓝领。

一个很好的例子发生在英国处于战争状态而美国仍然中立的时候。

大多数美国人想要置身于战争之外。

美国同意向英国出售武器，但他们只想走到这一步。

罗斯福总统同情英国，但他必须小心行事。

丘吉尔在1940年时解释说，英国再也买不起武器了。他写道：

我们即将无法为航运和其他物资支付现金。虽然我们将尽最大努力，避免做出无谓的牺牲以支付交易款项，但我相信你会同意，在这场战争最激烈的关头，英国将会被剥夺所有可出售的资产，在我们用自己的鲜血赢得胜利，拯救文明，并为美国赢得时间进行充分武装以应对所有可能发生的情况之后，我们将会被

剥夺得只剩下骨头，这在原则上是错误的，实际上是对双方不利的。这种做法不符合我们两国的道德准则和经济利益。

这是典型的浮夸言辞，政客们觉得他们应该这样说话。

罗斯福用同样的语言回答道：

在绝大多数美国人的心目中，绝对毫无疑问的是，美国最好的直接防御就是英国成功地保卫自己。因此，撇开我们对整个世界的民族存亡和当前的利益不谈，从美国防御的自私角度来看，同样重要的是，我们应该尽一切努力帮助大英帝国进行自我防御。

罗斯福不能通过简单的"给予"英国军事援助来帮助英国，他必须找到另一种方法。

他提出的是这样一个安排：英国可以"借到"他们所需的武器，并在战后归还，或者照价赔偿。

这种事以前从来没有人尝试过，也没有法律先例。

美国政府提交"租借"议案既复杂又充满争议。

所以罗斯福没有使用夸大其词、矫揉造作的语言，他像一个普通人一样说话。

假设我邻居的房子着火了，而我有一根浇园用的水管。如果他能把我的水管接到他的消防栓上，我就可以帮他把火扑灭。现在我该怎么办？我不会对他说："邻居，我的水管花了我15美元，你得付给我15美元来买它。"我不想要15美元——我想在灭火后要回水管，如果灭火后这根水管完好如初，邻居会把它还给

我，并对我万分感激。但假设水管被弄坏了——比如上面破了一个洞，我们也无须走什么正规程序，我只需对他说："我很高兴把那根水管借给你；但现在它被弄坏了，无法使用了。"他说："好吧，我给你换一根新水管。"现在，如果我能拿回一根漂亮的新水管，我就不吃亏。

罗斯福的讲话用的是英国人所说的"既土气又丢脸"的语言。

但《租借法案》（*Lend-Lease Act*）以317票对17票获得通过，美国向英国提供了314亿美元的军事援助。

因为罗斯福没有试图使用令人印象深刻的语言，而是像一个普通人一样说话。

这就是罗斯福能够教给我们的关于广告的知识。

我们就应该这样和别人说话。

因为这就是比尔·伯恩巴克所说的"简单且永恒的人类真理"。

刊登神话

在《小熊维尼》这本书中，小熊维尼和小猪在雪地里发现了一些脚印。

它们认为这些脚印肯定是一只大臭鼠留下的。

没有人见过大臭鼠，所以它们开始跟着脚印走。

它们跟着脚印绕着小树林一直走，之后又多出来另外两组脚印。

这真是个惊喜，肯定有好几只大臭鼠。

它们跟着脚印绕着小树林走，直到出现更多脚印。

现在小熊和小猪十分兴奋。

它们跟着脚印绕着小树林走，又出现了更多的脚印。

克里斯托弗·罗宾出现了，它们气喘吁吁地告诉他这个惊人的消息。

克里斯托弗·罗宾向它们解释说，它们一直在绕圈子，它们跟着走的脚印是它们自己的。

它们每绕树林一圈，新的脚印就会被添加到之前的脚印上。大臭鼠其实并不存在。

这种现象在出版界被称为**"大臭鼠效应"**（Woozle effect），或**"出版性偏倚"**。

一名记者需要写一篇报道，他上网寻找此前发表过的材料。

他把自己找到的材料上提到的事又报道了一遍，认为这是事实。

下一名记者看到有两个消息来源报道了这件事，就理所当然地认为这是事实。

再下一名记者看到这件事经三个来源报道，所以它毫无疑问是事实，以此类推。

我自己也经历过这种情况。

很多年前，在我大学三年级的时候，我第一次接受了一位广告行业记者的采访。

我引用了很多我钦佩之人说过的话：从比尔·伯恩巴克到佛陀。

那位记者以为我是佛教徒，就把这件事登了出来。

不久之后，另一名记者读了这篇文章，并写道我是佛教徒，尽管我从未与他交谈过。

后来其他记者纷纷重复报道了这个消息，我是佛教徒的消息就成了事实。

没有人来询问我该消息是否属实，他们认为这肯定是事实，因为它被报道了好几次。

这不是一个新现象。

在中国古代，它被称为**"三人成虎"**。

在战国时期（公元前475—公元前221年），魏国大臣庞葱想要告诫魏王不要听信对自己不利的流言蜚语。

庞葱请魏王看看熙熙攘攘的街道。

庞葱说：**"如果有一个人说街市上有老虎，大王会相信他吗？"**

魏王说：**"我当然不会相信。"**

庞葱说：**"如果有两个人说街市上有老虎呢？"**

魏王说：**"我会有些怀疑。"**

庞葱说："如果有三个人说街市上有老虎呢？"

魏王说："我当然会相信。"

庞葱说："街市上不会有老虎，这是很明显的事，可是经过三个人一说，街市上好像就真的有了老虎。"

魏王明白了其中要义。

这就是我们大多数人的思维方式。

我们寻找的不是事实，我们寻找的是共识。

我们不会回到起点，然后自己解决问题。

我们只是从大多数人当下的想法出发，并以此为基础。

我们不认为自己是在随大流。

这是一种旅鼠式的生活方式。

顺便说一句，关于旅鼠的神话不是真的：沃尔特·迪士尼为了一部电影编造了这个神话。

但这个神话被重复了很多次，以至于每个人都信以为真。

相同的话语，不同的含义

因为文化差异，相同的话语有着不同的含义。

例如，像"好斗"这样一个简单的词。

在美国这是一种赞美，而在英国这是一种侮辱。

"直言不讳" 这个词同样如此。

美国人认为说话直白是件好事，而英国人则认为这很粗鲁。

我是在纽约接受的培训，所以按英国的标准，我往往有点迟钝。

一位广告人曾经说过：**"戴夫的问题在于，他说的正是他所想的。"**

在英国，这是不礼貌的，缺乏风度。

因为我们在说话之前总是需要考虑对方的感受。

而在美国，这将被视为不诚实，害怕说真话。

正如我们在大街上向路人借打火机一样。

如果我说："对不起，我一般不会麻烦您的，但我今天早上把打火机落在家里了，所以我想，如果不会太不方便的话，我能否麻烦您……"但太晚了，路人已经走了。

但如果我说："有火吗？"我就能得到帮助。

主要的区别似乎在于我们如何理解对他人的尊重。

在英国，尊重是考虑他人的感受；而在美国，尊重是不浪费他人的时间。

我曾是纽约的一名文案，情况很困难，就像学外语一样。

之后我回到英国，一切都很简单，每个人的思维和说话方式都和我一样。

但我的美国朋友仍然在和英式英语做斗争，他们说："天哪，你需要在底部配上字幕才能理解他们在说什么。"

在美国，如果你给某人看一份手稿，他们说**"有趣"**，意思是**"可能会不错，请继续"**。

而在英国，这表示**"我是在不伤害你感情的情况下拒绝它"**。

这就是为什么，像所有的交流一样，你应该从接收端开始。

不是看你想怎么说，而是看别人会怎么理解。

最近，一位美国朋友给我发了一封电子邮件，结尾写道：

"很高兴看到你仍然是个捣蛋鬼，特罗特。"

庆幸的是我会说美国话，我知道他把这当作赞美，因为在英国这是一种侮辱。

因此，我们总是需要记住，一句话的含义不取决于讲话者，而取决于倾听者。

我在这方面听到的最好的建议是这样的："**在交流中，正确地表达自己是不够的，你需要确保你的话被正确地听懂。**"

🤜 是生存还是毁灭

我们都担心被批评：别人怎么看我们的工作？

这很正常，但这并不意味着我们应该受其影响。

对我来说，批评者就像是一场足球比赛看台上的人群。

大声提出意见比实际上场比赛要容易得多。

以莎士比亚为例，如果他听从批评，他可能会马上放弃。

罗伯特·格林（Robert Greene）是伊丽莎白一世（Elizabeth Ⅰ）时期一位有影响力的著名剧作家。

1592年，他在一本名为《千悔换一智》（*Greenes, Groats-worth of Witte*）的小册子中提到了莎士比亚。他写道：

一只用我们的羽毛装饰起来的暴发户式的乌鸦，用一张演员的皮包藏起他的虎狼之心。他写了几句虚夸的无韵诗就自以为能同你们中最优秀的作家媲美。他是个地地道道的打杂工，却恬不知耻地认为在英国只有他才能震撼舞台。

罗伯特·格林是在批评莎士比亚，因为莎士比亚只是一个演员，竟敢认为自己可以成为一名作家。他改写了莎士比亚一出戏剧中的一句话，并影射了莎士比亚的名字。

在几年之后的1662年，作家塞缪尔·佩皮斯（Samuel Pepys）同样不为所动：

我们看了《仲夏夜之梦》（*A Midsummer Night's Dream*），我以前没有看过，以后也不会再看了，因为这是我一生中看过的最无聊、最可笑的一出戏。

对莎士比亚来说幸运的是，大多数批评出现时他已不在人世。

1758年，狄德罗写道：

莎士比亚的过错并不是诗人最大的过错。这仅仅表明他缺乏

品位。

1765年，伏尔泰写道：

他是个有些想象力的野蛮人。他的作品只有在伦敦和加拿大才会受到欢迎。当一个国家所推崇的东西只在国内得到青睐时，这对一个国家的品位来说可不是什么好迹象。

1769年，诗人塞缪尔·约翰逊（Samuel Johnson）写道：

莎士比亚的作品不超过六行就能发现错误之处。也许你在第七行处才找到错误，但这并不能反驳我的总体论断。

1814年，诗人拜伦写道：

莎士比亚的名字被捧得太高了，终有一天会跌落神坛。

甚至连生物学家查尔斯·达尔文（Charles Darwin）也曾写道：

我曾试着阅读莎士比亚的作品，但发现它枯燥得令人作呕。

1907年，剧作家萧伯纳写道：

当我拿自己的思想和莎士比亚的思想作比较时，没有哪个著名作家能像他那样让我如此鄙视。把他挖出来，朝他扔石头，对我来说肯定是一种解脱。

1922年，詹姆斯·乔伊斯写道：

莎士比亚是所有失去平衡的头脑的快乐猎场。

T. S. 艾略特曾写道：

我们可以说，从来没有一个人能像莎士比亚那样把如此贫乏的知识变成如此伟大的成就。

俄罗斯作家列夫·托尔斯泰写道：

对于《李尔王》《罗密欧与朱丽叶》《哈姆雷特》和《麦克白》，我感到难以抗拒的反感和乏味。

因此，所有伟大的人物：诗人、剧作家、作家，都曾批评过莎士比亚。

然而莎士比亚却被誉为英国文学史上最杰出的剧作家。

那么，谁是对的，是鄙视他的人，还是钦佩他的人？

事实是，莎士比亚为大众写作。

如果你去过环球剧场，你就会知道当时的情景：演员必须在舞台上清清楚楚地对着一边吃喝一边对着他们叫喊的观众喊台词。

莎士比亚不是为评论家写作，这可能是他们不喜欢的原因。

莎士比亚为普通人写作。

这就是为什么普通人依然在日常生活中使用莎士比亚式的表达。

你最后一次听到一个普通人引用乔伊斯、艾略特、伏尔泰或托尔斯泰是什么时候？

至于罗伯特·格林，谁知道他是谁或者做了什么？

第五部分

思想开明的
力量

效率与效力

离开艺术学校后，我在麦迪逊大道参加了很多面试。

那些新成立的炙手可热的年轻广告公司都在效仿比尔·伯恩巴克的模式，把美术指导和文案人员安排在同一个办公区。

所有最好的工作都在这些公司里进行。

还有一些历史更悠久、规模更庞大的广告公司，它们拥有全球网络，在纽约拥有庞大的办公室。

这些公司采用以前的办公模式，文案人员坐在一层，而美术指导坐在另外一层。

文案人员坐在一眼望不到头的齐胸高的小隔间里，每个人都有一个收文发文篮。

流程员会把一份任务简报放进他们的收文篮。

文案人员会打出一个包含标题、正文、建议视觉信息的文件，并把它放进他们的发文篮。

流程员会收集文案打出的信息，把它带到美术指导所在的楼层（在这里，艺术总监在绘图板前坐成好几排）并投入美术指导的收文篮。

广告文案人员第一次看到自己的广告是广告在报纸上刊登的时候。

电视剧也是如此，编剧第一次看到自己的剧本是在电视上。

这样做的原因是，这是最快速、最有效的广告投放方式。

一层的员工负责联系客户，一层的人员负责对接媒体，一层的员工负责撰写文案，一层的人员负责美术设计。

按照不同的岗位职责对员工进行明确分工有利于大幅提高工作效率。

确实如此，只要我们所做的工作每次都是相同的。

这不是什么新想法，1776年，亚当·斯密（Adam Smith）在《国富论》（*The Wealth of Nations*）一书第一页上就提出了：

> **我见过一个类似的小工厂，里面只有十个工人，因此有几个工人就需要负责完成两三道工序。这样的小工厂虽然资源匮乏得连必要的机械设备也很简陋，但是只要工人们勤勉地工作，一天也能生产出十二磅针。按照每一磅重的针有四千枚来计算，这个工厂每天总共可以生产四万八千枚针，即每人每天可以制造出四千八百枚针。如果工人们不是分别专习于一种特殊的业务，而是各自独立工作，那么任何人都不可能在一天之内制造出二十枚针，甚至一枚也制造不出来。如果不是因为适当的分工合作，那么他们不但不能完成今日成针数量的二百四十分之一，恐怕连**

四千八百分之一都完成不了。

所以，就像生产针一样，如果我们想要大量生产广告，这是最迅速、最廉价、最有效的方式。

采用开放式办公室里的开放式办公桌，我们可以花更少的钱容纳更多的人，并在最短的时间内制作出广告。

但是，如果我们不以制作速度的快慢和运行一条生产线能赚多少钱来判断广告的优劣呢？

如果客户想要的东西与其他人不一样呢？

那么我们需要做的可能就不仅仅是在接待处放上懒人沙发、卡布奇诺咖啡机和桌式足球。

之后，我们可能不得不开始制作广告，一次制作一个广告，而不是批量生产。

不是所有问题都是相同的，因此不是所有的解决方案都是相同的，这意味着解决问题的过程不可能是相同的，因此我们不能在流水线上制作广告。

当然，也有很多广告公司没有充足的时间来精雕细琢每个广告。

在创意简报完成撰写之前，媒体的投放计划和排期方案就已经确定了。

所以他们确实需要一个流水线来制作广告。

这也没关系，只要这些广告只需要填满空间而不需要做更多

的事情。

只要它们不需要取得任何商业成果。

只要它们的评判标准是效率，而不是效力。

Ⓜ 损害顾客利益

世界上最好的狙击步枪是巴雷特M107（Barrett M107）。

这是一种口径是12.7毫米的半自动步枪，射出的子弹在大小和威力上都是普通子弹的两倍。

该枪的精度达一英里以上。

所以全世界的精英部队都在使用巴雷特M107。

在阿富汗，一支美国海军陆战队卷入了一场战争。

这通常不成问题，因为这支海军陆战队的每个士兵都装备了一支巴雷特狙击步枪。

在双方交战时，士兵最不希望出现的情况就是枪支出现故障。

这事关生死。

一名年轻的海军陆战队员做了一件只有美国人才会想到的事。

这是任何其他国家的士兵在战斗中都不会想到的事。

由于这名海军陆战队士兵在交火，他离基地太远了，无法呼叫军械师，而且他身上也没有任何工具。

所以他给位于美国田纳西州的巴雷特火器制造有限公司（BARRETT Firearms Manufacturing，Inc.）打了电话。

当接线员接电话时，该士兵要求把电话转到客户服务部。

接电话的人是唐·库克（Don Cook）。

唐·库克问出了什么问题，他能听到背景音中的交火声。

年轻的海军陆战队士兵解释说他的枪卡壳了。

他想知道客服是否能帮上忙。

唐·库克发现了问题，下机匣弯了。

他告诉这名年轻的海军陆战队士兵卸下枪机框，用枪机框的底部将下机匣弯曲回原位。

之后，这位年轻的海军陆战队士兵重新组装了巴雷特狙击步枪，并发射了几发子弹。

那名海军陆战队士兵谢过唐·库克，挂断电话继续战斗。

整个过程只用了不到一分钟。

这就是所谓的客户服务。

在战斗中，这确实意味着生与死的区别。

只有美国人才会在这种情况下想起给客服打电话，因为只有在美国才有这种水平的客户服务。

在英国，这名海军陆战队士兵可能会因为**"线路正忙"**而在线等待，他不得不听糟糕的音乐和重复的录制信息。

但美国人不会这么做，因为他们知道客户服务是一门好生意。

美国运通公司（American Express）在一项调查中发现，46%的客户愿意为更好的客户服务额外支付14%的费用。

软件开发公司Zendesk公司发现，40%的客户会因为更好的客户服务声誉而转投另一家公司。

他们发现，82%的顾客是因为糟糕的客户服务体验而换公司的。

他们发现，55%的建议是针对客户服务的，而不是产品或价格。

记住：把你的工作做好比产品或价格更重要。

这句话对每一位广告从业者来说都是一条很好的建议。

因为现如今大家只关心钱。

做尽可能少的工作，以此赚取尽可能多的金钱。

将一切自动化，因为这样做成本更低、速度更快。

尽我们所能，以最快的速度制造出最多的产品，并尽可能多地收费。

我们可以为了赚更多的钱做任何事。

这在短期内可能奏效。

直到客户真正需要一个能把本职工作做好的人。

ⓜ 情感是思考的对立面

达里尔·戴维斯（Daryl Davis）正在一家名叫银圆酒廊的酒吧里演奏。

随后，一个乡下人走过来说："我从来没听过哪个黑人弹钢琴弹得和杰瑞·李·刘易斯（Jerry Lee Lewis）一样好。"

达里尔很惊讶，他说："你认为杰瑞·李·刘易斯是在哪儿学的？"

那人耸了耸肩。

达里尔说："他和我是在同一个地方学的，是从布鲁斯音乐和布吉伍吉爵士乐的演奏者那儿学的，比如小理查德（Little Richard）和法兹·多米诺（Fats Domino）等人。"

然后他们一起坐下来喝了一杯，并聊起音乐。

那人说："你知道吗？这是我第一次和黑人喝酒。"

达里尔笑着说他不相信。

那人打开了他的皮夹，给达里尔看了他的三K党成员卡。

那人说，和达里尔谈话让他开始重新考虑自己的成员身份。

正是从那时起，达里尔决定劝说三K党成员，以改变他们的信仰。

不是靠斗争或感情，而是靠友善和简单的常识。

达里尔说："这就是为什么你能做的最好的事情就是研究这

个主题。我对三K党的了解，即使不比许多三K党的人多，也和他们一样多。就像任何优秀的销售员一样，你想要回访，他们发现我做了充分的准备，于是允许我再次进行回访。"

达里尔说，每次成功说服某人退出三K党，他都会向他们索要长袍。

他举的一个例子是，有一次，他的车里坐着一个三K党成员。

这名男子说："我们都知道黑人有让自己变得暴力的基因。"

达里尔说："等一下，我是黑人，但我从来没有劫过车或从飞驰而过的汽车里向外射击。你怎么解释呢？"

那人说："你的暴力基因是潜伏的，还没有表现出来。"

达里尔说："我们都知道白人有让自己成为连环杀手的基因。"

那人说："你怎么知道？"

达里尔说："你不能说我是一名黑人连环杀手。但查尔斯·米勒·曼森（Charles Milles Manson）、约翰·韦恩·盖西（John Wayne Gacy）、杰弗里·达莫（Jeffrey Dahmer）和泰德·邦迪（Ted Bundy），他们都是白人，因为白人有连环杀手基因。"

那人说："但我从没杀过人。"

达里尔说："你的连环杀手基因是潜伏的，还没有表现出来。"

那人说："这真愚蠢。"

达里尔说："是的，确实如此。事实上，这就和说黑人有暴力基因一样愚蠢。"

那人沉默了，他陷入了沉思。

5个月后，当那人退出三K党时，他把自己的白袍给了达里尔。

在与三K党成员交谈了30年之后，达里尔现在收藏了200件三K党白袍。

这200个人被改变了信仰，不是通过情感，而是通过理性。

然而，在市场营销和广告领域中流行的说法是，情感起作用，而理性不起作用。

这个说法忽略了我们想要激发受众的情感。

这和让每一次交流都诉诸感情而不是诉诸理性是不同的。

有时理性会引起最情绪化的反应。

但这似乎逃过了很多人的眼睛。

奈杰尔·法拉奇（Nigel Farage）在英国政坛有些成就，所以 *Campaign* 杂志采访了他。

来自"**沟通专业人士**"的愤怒和辱骂令人难以忍受。

Campaign 杂志被迫发表道歉声明。

他们对法拉奇的成功所做的调查受到了猛烈的抨击。

客户应该问问自己，他们是否信任让这些人来处理他们的业务。

我认识一位年长的黑人布鲁斯音乐家，他会做得更好。

⑪ 再来一杯酒

我们大多数人家里都有不同类型的酒杯——为什么会这样？

如果有人问起，我们可能会说我们需要不同的杯子来装不同的酒。

我们可能会说，红葡萄酒需要一个更宽大的杯子以产生更浓郁的香气，而白葡萄酒则需要一个更窄小的杯子以保持清爽甘冽的口感。

这就是我们对不同种类酒杯的真实看法。

酒杯的形状随着时间的推移而变化，人们总是用最好的酒杯来饮用特定的酒类。

但这不是事实——这是聪明的营销。

我们可以从奥地利酒杯制造商克劳斯·醴铎（Claus Riedel）身上学到很多东西。

因为，与大多数营销人员不同，他理解对**"试验参与者"**讲话和对**"当前用户"**讲话的区别。

我们大多数人会下意识地对"试验参与者"讲话而不加思考。

我们列出我们的品牌或产品的优点，并寻找新的消费者——那些尚未尝试过这一品牌或产品的人。

但如果市场已经饱和，尤其是人们不会经常购买的耐用消费品，那该怎么办？

在每个人都已拥有你所生产的产品而且不再需要更多同类产品的情况下，你将如何拓展这个市场？

克劳斯·醴铎是第一个在这个市场上发现新的商机的人。

直到20世纪50年代，大多数人只有一套杯子，他们用这些杯子盛装客人想喝的任何饮品：白葡萄酒、红葡萄酒等。

克劳斯·醴铎是第一个引入"饮用不同葡萄酒要使用不同酒杯"这一概念的人。

他说，仅仅一套酒杯是不行的，你不能用同一套杯子盛不同的酒。

因此，1958年，他在布鲁塞尔世界博览会（The Brussels World Fair）上推出了特级勃艮第酒杯。

它的设计初衷是"**提升黑皮诺和内比奥罗葡萄品种的风味和香气，特别适用于勃艮第葡萄酒、巴罗洛葡萄酒和巴巴莱斯克葡萄酒**"。

为一种特定的葡萄酒特制的酒杯是一个全新的概念。

它赢得了世界博览会金奖，并被纽约现代艺术博物馆收藏。

在之后的1961年，克劳斯·醴铎推出了第一个为不同葡萄酒创造的完整酒杯系列。

1973年，克劳斯·醴铎推出了侍酒师系列手工杯，这是世界上第一套美食家酒杯。

现在，醴铎公司的网站上写着："**克劳斯·醴铎最为人所知的是设计出针对不同葡萄品种的玻璃器皿，用以根据不同葡萄品种的**

特性来提升不同葡萄酒的品质。他是历史上最先认识到葡萄酒的味道受酒杯形状影响的玻璃器皿专家之一，他被誉为第一个发现和开发特定品种的玻璃器皿形状并将这些酒杯推向消费市场的人。"

克劳斯·醴铎曾掌管着这家从1756年就开始经营的家族公司。

放弃玻璃器皿公司的身份，转而成为专业的**"酒杯公司"**，这对醴铎公司来说一定非常困难，特别是在不同的酒杯甚至都不存在的时候。

但克劳斯·醴铎将此视为停止与其他玻璃器皿公司竞争的机会。

如果他能够让人们想要获得不同的酒杯，他就能独霸市场。

但首先，他必须为不同的酒杯开拓新市场。

他必须把不同类型的酒杯卖给那些认为一套酒杯已经够用的人。

他必须解释为什么一套酒杯远远不够。

人们乐于相信葡萄酒是神秘的，所以他弄得越高深莫测越好。

克劳斯·醴铎为饮用葡萄酒增加了一种全新层次的复杂性，使人们皆可展示自己对葡萄酒的品鉴力，从而拓展了现有的市场。

通过发现葡萄酒全新的饮用方式，他在现有酒杯市场的基础上建立了一个全新的市场。

这就是真正的创造性思维。

你不可以没有品牌

塞缪尔·马弗里克（Samuel Maverick）是一位得克萨斯州的律师、政治家和地主。

1856年，一位邻居给了他400头牛，用以偿还欠他的1200美元债务。

马弗里克对养牛不感兴趣，所以他把牛群养在开阔的牧场上，等待出售。

牧场主们的惯例是把自己的烙印烧到自家牛身上，让它们容易辨认，防止被偷。

塞缪尔·马弗里克不想为他的牛打上烙印，因为他没打算拥有它们那么久。

但有时会有一头牛逃跑，当牧场主们遇到一头没有烙印的牛时，就会认为它是马弗里克的牛。

如此一来，一头没有烙印的牛便被简称为"马弗里克"。

很快，"马弗里克"就成了任何离开牛群的牛的简称。

最终，任何笨拙或试图逃跑的牛都被称为"马弗里克"。

久而久之，这个词被用在了人类身上：一个拒绝属于某个群体或者不服从某一群体的人，就被称为"马弗里克"，意为"特立独行者"。

很快，任何自由思想、特立独行的人都被称为"马弗里克"。

最初这个词的意思是麻烦，但后来这个词变成了一种赞美。

如今，"马弗里克"是自由思想者、叛逆者的代名词。

这一切都始于一个不想要品牌也拒绝拥有品牌的人。

所以，不想要品牌实际上就成了一个品牌。

因为品牌只是形象的另一种说法，我们不能没有某种事物的形象。

我们必须拥有事物的形象，这是大脑工作的方式。

形象（品牌）就是大脑将事物与相似的事物区分开来的方式。

以1980年创立的日本品牌无印良品（Mujirushi Ryohin）为例。

这个名字意为**"没有品牌的优质商品"**，它们的系列产品只是简单地用贴有简单棕色标签的朴素玻璃纸包着。

其中的想法是不要品牌，因为顾客不应该为形象买单，他们应该为实际产品支付合理的价格。

因此，印在简单的棕色标签上的是无印良品的简称：MUJI。

"MU"代表"没有"，"JI"是"品牌"的缩写形式。

所以"MUJI"的意思是**"没有品牌"**。

其商品简约质朴、设计精良，用极简的设计风格展示出日本传统美学的精华。

无印良品大受欢迎，其门店扩张到日本全境；后来，无印良品"没有品牌"这一概念大获成功，该品牌现在在全球有656家门店。

这些门店遍布英国、美国、法国、意大利、德国、瑞典、西班牙、中国、新加坡、澳大利亚、印度。

在纽约，人们甚至在现代艺术博物馆的商店里出售无印良品。

它们的售价比日元标价高出50%。

所以没有品牌的概念就变成了优质品牌。

因为我们不可能没有品牌。

就像我们不可能没有对某一事物的印象一样。

"品牌"并不复杂，品牌只是大脑将一个物体与类似物体区分开来的方式。

一个品牌只是大脑的归档系统的另一个名称。

我们不能告诉公众我们的品牌（形象）是什么，公众不会听命于我们。

公众看的是我们的产品，它是什么，它的市场表现如何。

之后，其产品的市场表现塑造了公众心中的品牌形象。

不管我们怎么想，公众并不愚蠢。

我们可以决定我们想要什么品牌或不想要什么品牌，但公众将决定我们的品牌对他们而言意味着什么。

产品成就品牌，但品牌无法决定产品。

⑪ 难道我不是女人

黑人妇女解放运动最有力的战斗口号之一是一句简短的话，它在一次演讲中被重复了四次。

它展示了简单和重复的力量。

没有多少人记得演讲的其他内容，但大多数人都记得这句话。

这是一场在1851年召开的黑人平等和妇女平等会议。

与会的人群同情黑人男性的平等，但很明显，演讲者所指的女性是北方白人女性，而不是南方黑人女性。

主持会议的男性们谈到了需要被奉为上宾的优雅女士们的平等问题。

后来一位牧师提出反对，他认为虽然男女平等是好事，但基督不是女人，所以女人从来就不享有平等的地位。而且女人的智力也不如男人，无论如何，最初是夏娃引诱亚当犯罪的。

在场的女性都不知道如何反驳这些论点。

毫无疑问，黑人妇女甚至不敢公然反对一位博学的牧师。

最后，一位年迈的黑人女士起身走向讲台。

她叫索乔纳·特鲁斯（Sojourner Truth），曾经是个奴隶。

她用她那南方奴隶口音发表的讲话被会议组织者弗朗西丝·盖奇记录了下来。

那位男士刚才说，女人上马车、过沟渠，都要男人扶，处处

都要求坐最好的座位。

然而，从未有人扶我上过马车、跨过泥潭，给我留过一个好位置！难道我不是女人？

看看我，瞧瞧我的手臂吧！我耕过田、种过地、收过谷，这些没有人能比我强！难道我不是女人？

我能和男人干同样多的活、吃同样多的饭，如果我有可能挨鞭子的话，我也能忍受同样的鞭打！难道我不是女人？

我生过13个孩子，眼睁睁地看着他们中的大多数被卖给别人当奴隶。当我为此痛不欲生的时候，除了耶稣以外，没有人听到我的哭泣！难道我不是女人？

他们谈论脑子里的这个东西。他们称这个是什么来着？智慧，对，就是它。但那和女权或者黑人人权有什么关系呢？如果我的杯子只能装一品脱的东西，而你的杯子却能装一夸脱，你如果不给我的装满是不是显得有些吝啬？

那个身着黑衣的年轻男子说，女人不能和男人拥有同等的权利，因为基督不是女人。那么请问你的基督从何而来？你的基督从何而来？来自上帝和一个女人！没有男人的份！

如果上帝创造的第一个女人强壮到能独自把世界搞得天翻地覆的话，那么，在座这么多的女人联合起来也应该能把世界翻个个儿，再把它正过来！

既然现在她们要求这样做，男人最好成全她们！

然后她坐下来，全场响起了雷鸣般的掌声。

因为这句话说明了一切：**难道我不是女人？**

这句话成了黑人女性平等运动的著名战斗口号。

它向我们展示了一个杰出句子的显著特征：简单、有力、容易记住，而且能够重复。

当然，它不需要符合语法规范。

🔑 我们想要什么与我们需要什么

1926年，彼得·弗罗伊肯（Peter Freuchen）正在进行穿越格陵兰北部的探险。

暴风雪来袭，于是他躲在自己的雪橇下面。

雪越积越厚，直到他被困在一个漆黑的狭小空间里。

雪冻结成固态冰，简直就是一座雪墓。

弗罗伊肯试图爬出去，但四壁冻得如岩石般坚硬。

他的胡子被冻在了雪橇上，只要他一转过头，就会扯掉一部分面部皮肤。

寒冷在几秒钟内把一切都冻得像石头一样坚硬，没有希望可言。

就在这时，弗罗伊肯突然想到了一个不可思议的创意。

这种消极因素可能会变成一个积极因素。

所有的东西都冻得坚如磐石，这或许是个机会。

如果他能找到某种柔软的东西，并在它冻硬之前将其制成工具呢？

弗罗伊肯突然意识到他确实有类似的东西。

这是他一直带在身上的柔软而温暖的东西。

他自己的粪便。

这本来是不可想象的，但弗罗伊肯已经在他的雪墓里待了30个小时。

他被乔治·华盛顿所说的**"绝望的清晰度"**所震撼。

这不是选择理想偏好的时候，这事关生死存亡。

弗罗伊肯是这样描述这个过程的。

我有了一个主意！我经常在雪橇轨道上看到狗的粪便，并注意到它会冻得像岩石一样坚硬。那么，寒冷的天气对人类的排泄物不是会有同样的作用吗？

尽管这个想法令人厌恶，但我还是决定尝试这个实验。我排便，并成功地用粪便制作了一个凿子状的工具，并让它冷冻起来……我很有耐心。我不想因为过早使用而损坏我的新工具……最后我决定试试我的凿子，它起作用了！

弗罗伊肯靠思考不可思议的事情存活下来：绝望的清晰度。

这就是为什么我喜欢和身陷困境的客户合作。

工作变得非常明确：不是关于你想要什么，而是关于你需要什么。

绝望的清晰度。

当我们被告知东芝的情况时，他们已经做了5年的广告。

索尼拥有30%的知名度，所以东芝一直在模仿索尼，谈论自己的图片质量和技术。

但在5年的广告宣传之后，他们的知名度仍然只有2%。

因为他们不敢做任何与市场领导者的做法不同的事情。

我们告诉他们问题不是图像质量，每个品牌都有图像质量。

问题在于他们的名字，他们需要像索尼那样听起来像一个公认的大品牌。

他们不想这样做，但别无选择，他们用了这样的广告语：你好，东芝，要东芝吗？

它起作用了吗？

在6周内，东芝的知名度就达到了30%，与索尼相同。

当我们得到伦敦码头区这个客户时，伦敦码头区已经做了5年的广告。

那里仍然只是一个建筑工地——8平方英里的泥浆。

英国其他开发地区：特尔福德、彼得伯勒和米尔顿·凯恩斯都在宣传自己是适合家庭居住的理想之地。

所以伦敦码头区试图模仿他们，但没有成功。

我们告诉他们，他们必须停止作为住宅区的竞争，转而开始作为商业区的竞争。

他们不想这样做，但别无选择，他们采用的广告语是：当你可以搬到伦敦市中心的时候，为什么要搬到一个偏僻的地方？

它起作用了吗？

将今天的伦敦码头区与今天的米尔顿·凯恩斯、彼得伯勒和特尔福德比较一番就知道它是否起作用了。

区别在于绝望的清晰度。

一个解决方案只是一个新的问题

斯滕·古斯塔夫·图林（Sten Gustaf Thulin）是一位瑞典工程师。

他对世界范围内大量使用纸袋以及由此对地球产生的影响忧心忡忡：需要大量砍伐树木。

所以他发明了一种不用砍倒一棵树的袋子。

1959年，他发明了塑料袋。

1965年，瑞典包装公司Celloplast为这一设计申请了专利。

到1979年，欧洲80%的购物袋由塑料制成。

1982年，西夫韦（Safeway）和克罗格（Kroger）这两家美国超市改用塑料袋。

到2018年，联合国发表报告称，全球每年大约要使用5万亿个塑料袋，但所有塑料制品中只有9%会被循环利用。

它们需要1000年的时间才能完全降解，每年杀死10万只海洋动物。

所以，确切地说，塑料袋不是在拯救地球。

快，没时间想了——干脆禁止塑料袋，用自然的东西代替：可重复使用的袋子。

问题是人们不明白污染和全球变暖之间的区别。

塑料袋堵塞并污染河流、海洋、排水系统和垃圾填埋场。

2018年，丹麦环境保护署（Danish EPA）进行了一项购物袋生命周期评价研究，该项研究发现，可重复使用购物袋在气候变化、臭氧消耗、水资源使用、空气污染和毒性方面更加有害。

有机棉袋更加糟糕：有机棉的产量减少了42%，而用水量增加了一倍多。

此前，英国环境署（UK EPA）在2008年比较了由纸、塑料、棉花和回收的聚丙烯制成的袋子。

比较发现，为了达到与塑料袋相等的单次使用碳消耗，一个纸袋需要重复使用7次，一个可回收聚丙烯制成的袋子需要重复使用26次，而一个棉袋需要重复使用327次。

自然资源保护协会（NRDC）的高级律师埃里克·戈尔茨坦

（Eric Goldstein）表示："如果我们所做的只是从塑料到纸的转换，那我们就是在解决一系列环境问题的同时增加了其他环境问题。"

但市场营销喜欢用直接、速效的手段，赠送精心设计的棉质手提袋很容易让人觉得被"唤醒"。

所以它们在画廊、书店、眼镜精品店、杂货店和文身店都有赠送。

《大西洋月刊》（*The Atlantic*）杂志在谈到市场营销时表示："人们提着棉质大手提袋出现在阳光明媚的农贸市场。他们穿着暖和、朴素、休闲的衣服，拎着棉质手提袋去海滩、公园、艺术开幕式、音乐会，穿过国际化都市社区和田园诗般的乡村。他们很满足，也很有创造力。他们是中产阶级。他们健康、有环保意识、对生态负责、种族多样、无忧无虑，但富有成效、富裕、与他人保持联系、宽容、乐观、富有冒险精神。"

事实上，这就是市场营销所处的世界。

但这不是由现实的人构成的世界，在由现实的人构成的世界里，塑料袋实际上是用于日常购物的。

2014年，市场调研公司爱德曼–伯兰（Edelman Berland）开展的一项在线调查发现，一半的受访者选择不拿漂亮的棉质手提袋进行普通购物，以免弄脏，而是选择塑料袋。

鉴于棉质手提袋的再利用率约为10%，因此上述数字可能更低。

因为这一问题存在于由现实的人构成的世界。

但市场营销存在于它自己的世界。

那里的顾客都是完美的人：魅力四射、生活富有、彬彬有礼、整洁、迷人、敏感和清醒。

在市场营销的世界里不存在真实的人，因此也不存在这一问题的解决方案。

让他们为你工作

史蒂文·布拉德伯里（Steven Bradbury）是一位速度滑冰运动员。

他代表澳大利亚参加了2002年盐湖城冬季奥运会。

冬季运动在澳大利亚并不流行，该国是一个炎热的国家，所以他们没抱太大期望。

在短道速滑男子1000米决赛中，史蒂文·布拉德伯里对阵的是世界上最快的选手。

最有希望获胜的选手是美国选手阿波罗·安东·奥诺（Apolo Anton Ohno），之后是俄罗斯选手维克多·安（Viktor An），之后是中国选手李佳军，之后是加拿大选手马蒂厄·图尔科（Mathieu Turcotte）。

布拉德伯里是速度最慢和年纪最大的参赛者，所以他没有获胜的机会。

但因为他深知这一点，他就有了优势。

他的教练张安知道，对澳大利亚来说，获得一枚铜牌将是一个了不起的结果。

但她也知道，对另外四名选手来说，只有金牌才能称得上了不起。

这4名选手都坚信自己能赢，为了获胜，他们不惜一切代价。

所以，张安让布拉德伯里跟在领先者身后，让他们决一死战。

布拉德伯里需要做的只是让这4名兴奋的选手互相争斗，让一两名选手被撞倒或被取消比赛资格。

布拉德伯里只要成为完成比赛的3名选手之一，他就能获得铜牌。

他不需要打败其他选手，他只需要让他们打败对方。

他就是这么做的，整场比赛他都被领先的大部队甩开十几米。

很明显，他一定是最后一个完成比赛的选手。

但在距离终点线50米的地方，处于领先位置的4名选手发生集体碰撞。

当4名选手都摔倒在冰面上的时候，布拉德伯里在他们尚未站起之前从他们身边经过并冲过了终点线。

史蒂文·布拉德伯里成了第一位在冬季奥运会上赢得金牌的

南半球运动员。

不是通过试图赢，而是通过让其他竞争者输。

这是一个真正富有创造性的策略。

正如拿破仑所说："**当你的敌人犯错的时候，千万不要去打扰他。**"

多年前，汽车租赁公司安飞士（AVIS）打出了他们的著名宣传口号："**我们是第二名，我们更努力**"。

这个口号非常有效，以至于市场领导者赫兹（Hertz）的士气开始受到了损害。

赫兹被迫用一条广告做出回应："**多年来，安飞士一直告诉你赫兹是第一。现在我们来告诉你原因。**"

这对赫兹的员工来说是有效的，但对公众来说，它巩固了安飞士作为赫兹平等竞争者的地位。

安飞士迫使赫兹为他们做广告。

多年后，百事可乐发起了"**百事可乐挑战赛**"，声称有七成的可乐饮用者更喜欢百事可乐的味道而非可口可乐。

可口可乐公司被吓坏了，他们宣布要更改配方。

在可口可乐宣布更改配方当天，全世界所有百事员工都获得了一天假期。

因为可口可乐替百事可乐做了广告。

几年前，汽车救援公司RAC进行了一项宣传活动，主题是他们如何能够比其他公司更快地到达车辆故障现场。

鲁珀特·豪厄尔（Rupert Howell）当时的客户是市场领导者AA公司。

他告诉我，他所能做的就是阻止客户AA公司进行一项宣传以回应RAC公司的声明并推翻这一声明。

鲁珀特成功阻止了AA公司为RAC公司做广告。

因为鲁伯特明白RAC公司的意图。

我们不应该害怕对手回应，而是应该尝试去激发对手回应，特别是激发某个市场占有率更高的对手的回应。

我们如果能用自己的预算刺激对手花钱来回应我们，就能有效地巩固自己在公众心中的地位。

通过让对手花钱来为我们做广告。

第六部分

我们可以治愈无知，
但我们无法治愈愚蠢

⓶ 太远，太快

我只乘坐过一次协和式飞机，那是从纽约返回英国的时候。

我们以2马赫的速度飞行，说实话，对我来说感觉不到有什么不同。

我只知道窗户太小，看不到窗外，飞机上也没有电影可以看。

我更喜欢波音747飞机。

但当他们把这种飞机的优势用简洁易懂的语言表达出来时，它的确让我印象深刻。

他们解释说，我们飞得比来复枪的子弹还快。

突然间，我能理解了，我甚至看不到一颗来复枪子弹，但我飞得比一颗来复枪子弹还要快，这是一个惊人的事实。

1956年，汤姆·阿特里奇（Tom Attridge）是一名试飞员。

他驾驶的是最早的超音速喷气式战斗机之一——F-11战斗机。

该飞机装有四门威力强大的20毫米机炮，汤姆·阿特里奇被告知以最高速度试射这些机炮。

美国军方需要知道，四门机炮同时发射的反推力会对高速飞行的飞机产生什么影响。

牛顿第三定律（作用力和反作用力力量相等而方向相反）对它有什么影响，它会给机身施加什么压力？

所以，在大西洋上空，汤姆·阿特里奇选择了一片空旷的海域进行了4秒钟的射击。

飞机颤抖了一下，但似乎还好，是时候进行下一阶段的测试了。

他放低机头，开启加力燃烧室，在加速俯冲的过程中，他突然感觉飞机猛烈地震动了一下。

他又进行了一段长时间的机炮射击，飞机再次猛烈震动起来，随后挡风玻璃破碎，发动机也开始解体。

他降低飞行速度，调转飞机方向，使飞机进入小角度滑翔状态，并护送飞机进入机场的视野范围之内。

他没能完全成功，由于飞机受损严重，他只能将飞机迫降在距离目的地一英里处，他的一根肋骨粉碎性骨折，还摔伤了三节椎骨。

美国军方对飞机进行了调查，发现的情况令他们大吃一惊。

F-11战斗机不是被开炮的反推力损坏，而是被炮弹击中了。

一发炮弹击中了挡风玻璃，一发击中了鼻锥，还有一发击中了发动机进气口。

飞机在空旷的海洋上被炮弹击中了，这怎么可能？

最终，他们意识到发生了什么。

汤姆·阿特里奇开火击落了自己的飞机。

此前从来没有人想到会发生这种事情，因为他们从来没有过飞得像炮弹一样快的飞机。

在第一次开火后，汤姆·阿特里奇让飞机进入俯冲状态并打开了加力燃烧室，之后他再一次开火。

高速俯冲的飞机追上了他第一次发射的炮弹，并飞快地撞上了自己发射的三枚20毫米炮弹。

他们拥有几百年来从未改变的基本技术——炮。

他们把炮装进了他们还不完全了解的最新技术——喷气式飞机。

他们如此迷恋这项新技术，以至于忽略了现有的基本技术。

这正是在我们这一行发生的情况。

我们这一行的基本技术是与人沟通。

但突然间我们有了这项新技术：数字技术。

我们对新技术爱不释手，以至于忘记了其他一切，我们对交流（恐龙思维）和人（过时了）视而不见。

所以我们遇到了我们忽略的东西——与人交流——并把自己击倒了。

这就是为什么，根据全球知名市场研究机构eMarketer的数据，30%的互联网用户现在使用广告拦截软件。

也就是说，每10位互联网用户中就有3位使用广告拦截软件，而且这一比例还在上升，尤其是在年轻人当中。

事实上，为了解决这个问题，甚至连谷歌都推出了自己的广告拦截软件。

我们忽视了最基本的东西，所以，我们被这些最基本的东西击倒了。

就像格鲁曼公司（Gruman）和F-11战斗机一样，我们将不得不从惨痛的教训中学习。

人类与机器的区别

毫无疑问，技术就是未来。

技术不会像我们这些很容易犯错误的人类一样犯错误。

例如，以进入我们的计算机所必需的密码为例。

人类选择的密码太容易被破解，对吧？

但多亏了技术指导原则，如今的密码几乎是无法破解的。

不完全是。

最初定义密码安全规则的人现在表示他完全搞错了。

实际上，他所做的一切只是让密码更容易破解。

2003年，比尔·伯尔（Bill Burr）是美国国家标准与技术研究院（NIST）的一位中层主管。

他发布了一份8页的文件：《NIST特别出版物800–63，附录A》（*NIST Special Publication 800–63.Appendix A*）。

文件的副标题是**"评估密码的熵和强度"**。

这一文件中的建议是我们都很熟悉的创建密码的规则。

1. 密码应包含至少一个大写字母。

2. 密码应包含至少一个特殊字符。

3. 密码应包含至少一个数字。

4. 密码应每90天更改一次。

他的建议被大多数学术机构、政府机构和大公司采纳。

我们所设置的密码的强度是根据这些规则自动判断的。

但是比尔·伯尔现在说这是完全错误的。

不仅仅是因为这些规则让人类很难记住密码。

这些规则实际上让密码更容易被算法破解。

《华尔街日报》让他们的电脑安全专家对此进行了调查。

他们发现，一组包含特殊字符和数字的密码（例如：Tr0ub4dor&3）需要算法花费3天时间破解。

但是，一组由随机挑选的一些容易记住的单词组成的密码（比如：correcthorsebatterystaple）则需要算法花费500年的时间才能破解。

尽管这两组密码都是用简单普通的小写字母写的。

伯尔的建议似乎是正确的，因为它让密码很难被人类破解。

但编写这样一个程序却很容易：将字符"&"替换为"and"，或将数字"4"替换为"for"，或将数字"0"替换为字母"o"，或将特殊字符"$"替换为字母"s"，或任何类似的组合。

算法只是简单地遍历所有的备选方案。

但如果给电脑没有逻辑的随机单词，它就会被难住。

尽管人类更容易记住这些单词。

伯尔所做的就是确定那些对人类来说似乎很难但对机器来说却很容易的密码。

事实正好相反，对人类来说容易的密码对机器来说要困难得多。

这就是人类头脑的缺陷。

我们受到所有复杂的新事物的诱惑。

如果一件事看起来困难，我们认为它一定是聪明的。

伯尔没有考虑到的是，人类不会破解密码，而机器会。

机器能够以比人类快很多倍的速度完成枯燥的任务。

但机器不能做的是任何不可预测的、随机的或富有创造性的事情。

仅仅因为机器缺乏直觉。

机器目前不具备创造性思维，因为它们是机器。

机器非常擅长机器做的事，但不擅长人类做的事。

⑪ 人类真讨厌

"二战"期间，盟军潜艇和德国U型潜艇有一个很大的区别，那就是厕所。

英国和美国的潜艇都有化粪池，他们的厕所废物都排进了化粪池中。

德国潜艇没有化粪池，他们的厕所废物都直接排入大海。

当潜艇在水面上时，厕所废物直接排入大海不成问题，但当潜艇潜入水下时，水压会使阀门无法打开。

德国人无法使用厕所，所以他们不得不把桶、壶、锅等一切可用的容器都装满，并储存在U型潜艇各处，直到潜艇浮出水面。

德国人本可以像美国人和英国人那样安装化粪池。

但他们认为化粪池浪费空间，而空间本是用来存放更多燃料或弹药的。

因此，他们决定找到一种方法，当潜艇在水下潜航时，将排泄物直接排入海洋。

最终，他们开发了一种能够做到这一点的高压系统。

它有两个阀门，分别位于一个储存箱（像一个气闸）的两侧。

当你用完厕所后，你打开内阀，将马桶里的排泄物转移到储存箱中。

然后，你需要关闭内阀，对内容物加压，最后打开外阀。

更大的压力会将排泄物排入海洋。

因为这很复杂，每个潜艇需配备一名受过专门训练的艇员来操作这一设施，这名船员被称作**"废物处理部门经理"**（或者艇员们所熟知的**"大便人"**）。

1945年4月14日，艇长卡尔-阿道夫·施利特（Karl-Adolf Schlitt）踏上了U1206号潜艇的处女航。

该潜艇下潜到200英尺的水下，离苏格兰海岸8英里。

施利特艇长要上厕所。

他想要隐私，所以他自己打开了内阀，把马桶里的排泄物转移到储存箱里。

但他记不起接下来的确切顺序，所以他叫来了"废物处理部门经理"。

这名训练有素的艇员以为施利特艇长关闭了内阀，于是打开外阀排出废物。

但艇长并没有关闭内阀，导致排污口在管道压力过低的情况下被冲开，夹杂着排泄物的海水喷涌而入，喷得到处都是。

厕所正下方是潜艇的主电池。

这些电池上被浇满了排泄物和海水，混合物产生的致命氯气扩散到了整艘潜艇。

施利特艇长别无选择，只能要求潜艇尽快浮出水面。

该潜艇刚浮出水面，英国飞机就对其进行轰炸和扫射，杀死了一名艇员。

艇员们放弃了正在下沉的潜艇并组织逃生。最终，艇上50名官兵中，46人上岸后被俘，1人被空袭炸死，3人溺亡。

这一切都是因为德国人不像英国人和美国人那样安装化粪池。

化粪池占用了太多的空间，它们碍事，它们是为人类准备的，而人类是令人讨厌的东西。

无论什么问题，技术都能解决，忘了人类吧。

这正是我们现在的处境。

普通人说他们讨厌广告，广告无处不在，令人讨厌，是一种污染。

所以解决这一难题的答案一定是更多的技术手段和更频繁的定位。

但人类不喜欢技术中枯燥、重复的内容。

他们想要的不是更多的内容，而是更好的内容。

没关系，我们可以用更多的技术手段来解决所有问题。

技术可以把广告更快、更准确、更频繁地送达人类，别管内容是什么。

技术就是答案，忘了人类吧，他们既讨厌又碍事。

⚐ 谁在当值？

1972年，美国东方航空公司（Eastern Airlines）401号航班正从纽约飞往迈阿密。

当飞机开始降落时，机组人员放下了飞机的起落架。

起落架放下时发出了撞击声，但是起落架锁定指示灯并未亮起。

在调查这个问题时，他们使飞机保持在等待航线上。

他们让飞机进入自动驾驶状态，而驾驶员、副驾驶员和飞行工程师都将注意力集中在了指示灯上。

当他们都在研究指示灯时，没有人注意到飞机并未处于自动驾驶状态。

飞机正以非常缓慢的速度下降，慢得根本没人注意到。

直到最后十秒，机组人员才发现了飞行高度过低的问题。

就在飞机以巡航速度撞向地面之前。

1977年，美国联合航空公司（United Airlines）2860号航班正从旧金山飞往芝加哥。

当飞机开始降落时，机组人员放下了起落架。

就像美国东方航空401航班一样，起落架放下时发出了撞击声，但起落架锁定指示灯并未亮起。

在调查这个问题时，他们的飞机也在等待航线上盘旋。

就像401号航班一样，他们也让飞机进入自动驾驶状态，而驾驶员、副驾驶员和飞行工程师都将注意力集中在指示灯上。

这一次，飞机保持了自动驾驶状态，但他们没有注意到飞机飞得太低了。

当他们发现的时候，已经太晚了。

这架飞机以巡航速度径直朝一座山飞去。

1978年，美国联合航空公司173号航班正从纽约飞往波特兰。

当他们接近目的地并准备降落时，机组人员放下了起落架。

和上述两架飞机一样，起落架放下时发出了撞击声，但锁定指示灯并未亮起。

当他们对这个问题进行调查时，飞机同样保持在等待航线上。

和上述两架飞机一样，他们让飞机进入自动驾驶状态，而驾驶员、副驾驶员和飞行工程师都将注意力集中在了指示灯上。

他们盘旋了一个小时，试图解决这个问题。

但是，虽然他们的燃料足以支撑一个小时的常规飞行，但他们是在起落架和襟翼下降的情况下盘旋飞行，这消耗了更多的燃料。

因为没人看燃料表，所以他们的燃料用完了也没人发现。

这架飞机从距离机场跑道六英里的空中掉了下来。

讽刺的是，这三架飞机的起落架都被发现处于锁定位置，只是指示灯的灯泡烧掉了。

而且，在每一起事故中，每个人的注意力都集中在了灯泡上，而不是驾驶飞机上。

他们本以为会有人专注于驾驶飞机，但是并没有人这么做。

当他们发现灯泡故障时，他们以为飞机会一直在空中飞行。

因为新情况分散了他们的注意力，所以他们忽略了最重要的事情。

我们可以从这三起事故中学到两点教训。

1. 应该有人专注于最重要的工作。

2. 最新出现的情况并不总是最重要的。

这两点对我们的工作来说是很好的教训。

1. 应该有人专注于这项重要的工作：在广告业之外的世界，会有人注意到我们在做什么吗？

2. 最新出现的情况并不总是最重要的：例如虚拟现实或者人工智能，或者任何当前流行的噱头。这些新事物并不像那些引人注目的宣传活动所宣称得那样重要。

我们现在的处境反映了我们的行为方式。

当我们写好文案并坐下来以小组形式讨论"指示灯"的重要性时，我们忘记了更根本的问题。

⑪ 下一股浪潮什么时候到来？

营销人员对潜意识广告非常着迷。

这是新技术，是最新的东西，将彻底改变营销。

只是这不是什么新技术，不是最新的东西，也不会彻底改变营销。

第一次也是最大规模的潜意识广告热潮发生在1957年。

詹姆斯·维卡里（James Vicary）是底特律的一位市场调查员。他在新泽西州的一家电影院对45699人进行了一项实验，他使整部电影画面中反复闪现"喝可口可乐""吃爆米花"字样，速度极快，让人根本无法察觉到。具体做法是：

在一部故事片的中间部分，他对其中一帧画面进行了调整，加上了**"喝可口可乐"**这几个字。

他还对另一帧画面进行了调整，加上了**"吃爆米花"**的字样。

电影在放映机中以每秒24帧的速度放映，所以一帧画面一闪而过，没有人会注意到。

但詹姆斯·维卡里声称自己获得了数据：可口可乐在该影院的销量增长了18.1%，爆米花的销量增长了57.7%。

这一证据令人印象深刻，使潜意识广告立即成为一种热潮。

当时正值冷战高峰期，美国中央情报局（CIA）介入了此事。

他们关于**"阈下知觉的操作潜力"**的报告导致此类广告在

1958年被禁止。

这就是潜意识广告的效果，但其实不然。

几年后，记者斯图尔特·罗杰斯（Stuart Rogers）到新泽西州的那家电影院看电影。

影院经理表示在自己的影院中从来没有进行过这样的测试。

在1962年的一次电视采访中，詹姆斯·维卡里承认自己编造了整起事件。

他需要一个"噱头"将客户吸引到他的市场调查公司。

正是这种"噱头"吸引了450万美元的付费客户业务。

他们像冲下悬崖的旅鼠一样蜂拥而至。

只是旅鼠没有冲下悬崖，因为旅鼠不会真的冲下悬崖。

那么这个谬误从何而来？

在1958年的电影《白色荒野》（White Wilderness）中，迪士尼展示了一群群旅鼠从悬崖跳进大海的场景。

这可能是因为种群数量过剩导致的集体自杀。

只是，这不是事实。

整件事都是迪士尼捏造的。

电影是在加拿大的阿尔伯塔省拍摄的，那里没有旅鼠，拍摄所用的旅鼠是买来的。

摄制组近距离拍摄了几十只旅鼠，以营造一种规模错觉。

他们让旅鼠在覆盖着雪的转盘上奔跑，让它们看起来像是在冲向大海。

最终，旅鼠落入了远离北冰洋的弓河。

阿拉斯加州渔猎局（Alaska Department of Fish and Game）对此不以为然。

该州的野生动物学家托马斯·麦克多诺（Thomas McDonough）表示："迪士尼混淆了驱赶和迁移这两个概念，美化了真相的内核。驱赶和意外死亡与《白色荒野》中所描述的本能的、有意的集体自杀大相径庭。"

阿拉斯加大学费尔班克斯分校（UAF）专家戈登·贾雷尔（Gordon Jarrell）表示："旅鼠真的会自杀吗？不，答案明确无疑——不，它们不会自杀。"

所以，我们相信这两件事，仅仅是因为我们不去质疑别人告诉我们的事情。

这似乎是营销人员的模式。

如果有一种时尚、一种热潮，如果每个人都在谈论同一件事，我们就必须加入这个群体。

快跟上，别落在后面了。

我们之所以相信一件事，仅仅是因为其他人都相信这件事。

但也许我们应该先学会对事情提出更多的质疑。

也许我们应该停止追逐根本不存在的时尚，停止冲向根本不存在的悬崖。

⊕ 事实与真理

1964年，在洛杉矶，朱亚妮塔·布鲁克斯（Juanita Brooks）遭到一个梳着马尾辫的金发女人抢劫。

这名女子抢了她的手提包，一名目击者看到该女子上了一辆由一名蓄着胡子的黑人男子驾驶的黄色轿车。

所以警方开始寻找符合这一描述的异族夫妻。

几天之后，他们逮捕了马尔科姆·里卡多·科林斯（Malcolm Ricardo Collins）和珍妮特·路易丝·科林斯（Janet Louise Collins）。

不幸的是，无论是受害者还是目击者都没有看清劫匪的脸，因此无法确定这两人是否是劫匪。

所以控方请来了一位专家证人：一位大学数学教授。

这位教授向陪审团解释了统计学是如何发挥作用的。

他说，你可以通过将这些事件的概率相乘来缩小可能性。

所以他这样计算了个体概率（记住这是1964年）。

金发女性的概率：1/3。

女性扎马尾的概率：1/10。

黑人男性留胡子的概率：1/4。

黑人男性留络腮胡的概率：1/10。

黄颜色汽车的概率：1/10。

异族情侣同乘一辆车的概率：1/1000。

因此，根据这位数学家的逻辑，他们需要将所有这些事件的概率相乘，以得出发现另一对符合这一描述的夫妇的概率。

数据显示，另一对夫妇符合这一描述的概率大约为1200万分之一。

陪审团自然被说服了，珍妮特和马尔科姆被判有罪。

四年之后，美国最高法院推翻了这一决定。

他们表示，数字可能是对的，但想法是错的。

这种想法被称为**"检察官谬误"**。

美国最高法院表示，将这对异族夫妻和全部美国人口进行比较是错误的。

如果他们把这对夫妻和洛杉矶的人口进行比较，可能只有另外三对夫妇符合这一描述。

在这种情况下，他们有罪的概率只有1/4。

或者更重要的是，他们有3/4的概率是无辜的。

这就是为什么美国最高法院裁定，数学和统计数据在该案中不能作为证据，而且统计数据在法庭案件中通常是可疑的。

统计数据很容易被操纵，而使它们特别危险的是它们看起来像是科学真理。

因为数字看起来像事实，所以统计数据看起来像事实。

但就像任何事物一样，数据能否代表事实的关键在于其呈现方式。

1995年，英国药物安全委员会（The Committee on the Safety of Medicine）发布了一份关于避孕药的报告。

该报告称，数据显示，在7000名服用避孕药的女性中，患血栓的人数从1人增加到2人，即患血栓的概率从0.014%上升到了0.028%，没什么好担心的。

但这不会让报纸大卖，所以新闻媒体以不同的方式报道同样的数据。

他们说，数据显示，服用避孕药导致患血栓的概率翻了一番。

这不是谎言，但这是一种误导性的解读。

这种说法引发了恐慌，在接下来的一年里，意外怀孕的数量增加了大约13000例。

许多女性因害怕血栓而停止服用避孕药。

五年后，《英国医学杂志》（British Medical Journal）刊载的一份报告承认这种恐慌是没有根据的。

下次，当你被一场满是数字的演讲吸引时，请记住这一点。

每当媒体公司试图用大量数据迷惑你的时候，请记住这一点，数据可能是事实，但它不是真理。

⊕ 这合乎逻辑，但这是胡说八道

欧洲的中世纪时期也被称为"黑暗时代"（Dark Ages）。

数百年间，宗教和迷信一直占据着统治地位，而维系这一切的是最彻底的论证逻辑：围绕宗教和迷信看似合乎逻辑的解释而展开的无休止的辩论。

无论一件事最初的前提看起来多么荒谬，如果这件事可以通过逻辑论证得出一个符合逻辑的结论，那这一结论一定是毫无疑问的。

这个清晰的逻辑框架将被证明是横在质疑宗教和迷信的潜在基础面前的一道难以逾越的障碍。

1508年，在法国小镇欧坦发生的一件事就说明了这一点。

一切生物都要服从法律，法律必须得到严格遵守。

例如，驴子和猪以谋杀罪遭到审判和处决是司空见惯的。

欧坦的老鼠也是如此。它们被控"贪食和肆意破坏"大麦作物，因此必须受到依法审判。

按照逻辑，被告有权发言，因此老鼠被要求参加审判。

第一个问题是通知老鼠，因为它们被认为"居无定所"。

因此，按照逻辑，向它们告知指控和诉讼日期的文件被钉在每棵树和每座谷仓上，传票在当地每座教堂的讲坛上被宣读。

但是，尽管法院发出了这些声明，老鼠在听证会当天却未能出席。

法院有权在老鼠"缺席"的情况下通过判决，从逻辑上裁定它们丧失了发言的权利，从而确认了它们的罪行。

但是老鼠的法律顾问是巴塞洛缪·夏森尼（Bartholomew Chassenee），他对此提出了上诉。

他的逻辑立场是，每一名被告都有权为自己辩护，除非出庭将使他们身处险境。

他声称，从逻辑上讲，老鼠应该得到原谅：因为与老鼠不共戴天的死敌——猫正在不知疲倦地注视着老鼠的一举一动，而且不怀好意地躲在每一个角落和每一个通道等着它们。因此，老鼠出庭的路途漫长难行，危机四伏。

这一逻辑无可争辩。

所以，得出的一个符合逻辑的结论是，老鼠不能出庭为自己辩护，因此老鼠不能被审判。

这是一种严谨的逻辑，在整个中世纪的欧洲，与一切动物有关的案件都遵循这一逻辑。

动物在法庭上受到律师和地方法官的审判，这赋予了一个荒谬的前提以可信度。

因为我们知道，动物不清楚自己在做什么：它们不识字，它们不懂法律，它们不能理解对与错。

但是没有人能够质疑这个基本前提，因为有太多符合逻辑的条条框框在挡道。

所有晦涩难懂的拉丁文法律术语意味着普通人无法质疑它。

这就是拥有新技术的我们在今天的处境。

传媒公司让科技术语变得难以理解，以此让所有人相信普通人无法理解这种新技术。

那就没有人能够质疑不断发展的新技术这一前提了，即别管内容是什么，只看新技术的精准推送能力有多强。

如果我们能够对此提出疑问，我们会发现这是无稽之谈。

但我们不能质疑这一点，原因就像中世纪的人们不能对审判动物提出疑问一样——这是由一个看似无法理解的复杂逻辑框架支撑的。

这可能符合逻辑，但仍然是无稽之谈。

你想要什么，鲜血吗？

乔治·华盛顿是美国第一任总统。

1799年，他在凌晨两点醒来，他的喉咙发炎了。

早上七点半，詹姆斯·克雷克（James Craik）医生来了，他担任华盛顿的医生长达40年。

他清楚地知道如何治疗喉咙发炎。

这与治疗发烧、肺病是一样的。

他立即用水蛭从华盛顿身上抽取了14盎司[1]血液。

两小时后，华盛顿的症状和疼痛都加重了。

另一位医生伊莱沙·迪克（Elisha Dick）来了。

上午九点半，他们用了更多的水蛭，又抽取了18盎司血液。

但华盛顿的症状越来越严重。

第三名医生古斯塔夫斯·布朗（Gustavus Brown）也来了。

他诊断为扁桃腺炎和严重的扁桃体炎，并主张放更多的血液。

上午十一点，医生们用了更多的水蛭，又抽取了18盎司血液。

但华盛顿的症状依然恶化了。

需要进行紧急手术来挽救他的生命。

全美国最优秀的医学专家悉数来到现场，他们选择使用他们所知道的所有措施。

在接下来的几个小时里，他们用了越来越多的水蛭，又从华盛顿身上抽取了32盎司血液。

医生们从华盛顿身上抽取了总计超过80盎司血液。

这相当于5品脱（2.36升），大约是他体内血液总量的一半。

所以最好的医生已经抽取了血液。

当这种做法不起作用时，他们选择加倍抽取血液。

---

[1] 1 美制盎司约合 29.57 毫升。——译者注

当这依然不起作用时，他们又加倍抽取血液。

经过治疗，当晚十点，乔治·华盛顿去世了。

在乔治·华盛顿死后，克雷克医生承认，他们的治疗方案可能存在缺陷。

他说："**如果我们不从他身上抽取更多的血液，我们的好朋友现在可能还活着。**"

这与我们在数字媒体中的处境非常相似。

媒体专家告诉客户，这是一切的答案，是所有其他广告的终结。

他们让客户投入大把资金，但不管用。

所以媒体专家告诉客户投入更多资金，但还是不管用。

媒体专家的回答依然是让客户投入更多资金。

最后，当所有的钱都花光了却依然不起作用时，媒体专家做了乔治·华盛顿的医生们做的事。

他们承认自己可能犯了轻微的错误。

例如，约50%的在线广告从来没有被人看到过，这一数据来自《华尔街日报》。

Facebook上的品牌的粉丝参与度是7‰。

横幅广告每千次曝光只带来1次浏览量，而只有48%的网络流量是来自真实的网络用户。

根据美国劳工统计局公布的数据，成年人看电视的时间比其他休闲活动所花费的时间总和还要多。

你可能会认为这样的事实会让媒体专家们对数字媒体更加谨慎。

但就像乔治·华盛顿的医生们一样，他们似乎只有一个解决办法。

还记得那句古语吗：**"当你拥有的唯一工具是锤子时，你就会把所有问题都视为钉子。"**

媒体大师只有一把锤子，但他们认为它是一把瑞士军刀。

⊞ 创造性叛逆

1975年，尼基·劳达（Niki Lauda）是F1（世界一级方程式锦标赛）车手年度总冠军。

当尼基·劳达参加1976年德国大奖赛时，他认为纽博格林赛道太危险，他希望有人能听从他的建议，取消德国站的比赛。

但没有人听从他的建议。

所有人都不理他，比赛照常进行。

在比赛中，尼基·劳达被证明是正确的，他的赛车发生了严重事故。

他险些在这起事故中身亡，他被困在燃烧的赛车里，防撞头盔在他的头上和脸上融化。

他吸入了有毒的燃烧气体并造成了肺部损伤。

他的头发、耳朵、眼皮都被烧焦了，整个头部被严重烧伤。

他在医院里处于昏迷状态，由于他生命垂危，牧师为他举行了临终祈祷仪式。

但他没有死，凭借惊人的意志力，他奇迹般地活了下来。

仅仅6周之后，全身裹着绷带的他重返赛场，继续参加该年度的大奖赛。

他以一分之差与世界冠军失之交臂，输给了那个在劳达昏迷期间一直坚持比赛的詹姆斯·亨特（James Hunt）。

尼基·劳达学会了永远不要相信别人对任何事情的看法。

1977年，医生们用他耳朵上剩余的皮肤修复了他的眼睑，他重返赛场，并再次赢得F1世界冠军。

这一次，他是在一辆受损的赛车里做到的，他的车碾过了另一起撞车事故的残骸，并无视了他的油压灯在最后八圈显示的信息。

七年后，当所有人都认为他的赛车生涯已经到了尽头时，他复出，并以1.5分的微弱优势击败阿兰·普罗斯特（Alain Prost），第三次赢得世界冠军。

这些经历让他学会了只听从自己的判断。

他还学会了驾驶飞机，并创办了自己的航空公司——劳达航空公司（Lauda Air）。

1991年，劳达航空的一架波音飞机在泰国的素攀武里府坠毁，造成223人死亡。

劳达要求波音公司告知事故原因。

波音公司表示，发动机的反推力装置在半空中意外开启，但飞行员可以将飞机修正至可操控状态。

劳达不明白飞机发动机突然反推怎么可以把飞机调整至可操控状态。

波音坚称这可以做到，所以这一定是劳达航空的错，而不是波音的错。

劳达不接受这一说法，他前往位于美国西雅图的波音公司总部，坚持要求他们建立飞行模拟器，以准确重现飞机上发生的情况。

波音说这是他们自己的事，劳达说：**"那是我的飞机。我的名字。我的损失。"**

波音最终被迫服从。

劳达是一名经验丰富的飞行员，他在模拟器上进行了15次尝试，但始终无法从突然开启的反向推力中控制住飞机，每次的模拟结果都以坠机告终。

劳达坚持要求波音公司发表声明，承担全部责任。

波音的律师们说，他们需要三个月的时间来起草一份令劳达航空公司满意的答复。

那么，尼基·劳达是抱怨、生闷气，还是乖乖地坐着等待？

他没有做上述任何一件事，而是召开了一场新闻发布会，告诉全世界的媒体，如果波音确信飞机发动机反推是可控的，他们应该挑选波音公司里最有经验的两名飞行员。

他会和两名飞行员一起乘飞机升空，在半空中，他们会尝试在反推力装置突然打开的情况下将飞机修正至可操控状态。

如果波音是对的，他们会恢复飞机的飞行；如果波音是错的，他们都会死在全世界媒体面前。

当然，波音公司不敢这样做，所以他们被迫发表声明，承认反推力装置在空中意外开启会导致飞机失控，并承担全部责任。

尼基·劳达之所以这么做，是因为他知道，当他相信别人的意见而不是自己的意见时发生过什么。

我们经常被要求遇事不要大惊小怪，要保持安静，让专家来做决定。

但劳达已经知道，不管是谁做的决定，最终承担后果的是我们自己。

亚历克斯·弗格森（Alex Ferguson）曾经被问到为什么他总是无视媒体的建议。

他说：**"我宁愿因为自己的错误而被绞死，也不愿因为别人的错误而被绞死。"**

⑪ 理论与现实

1981年正值冷战的高峰期。

现在很难想象当时的情况，当时不会有任何谈判，因为没有时间。

在世界各地，人们坐在控制室里等着按下发射按钮。

一接到呼叫，他们就会各自按下自己面前的按钮。

发射按钮一旦被按下，导弹就无法被召回。

就是这样，成千上万枚导弹，每一枚的破坏力都比在广岛爆炸的原子弹大很多倍。

只要美国总统首先使用他的发射密码，这一切就可以启动。

没有人知道是否还会有幸存者。

没有人知道世界上是否还会留下任何东西。

就在这时，罗杰·D.费舍尔（Roger D. Fisher）提出了自己的建议。

他是"哈佛谈判项目"（Harvard Negotiation Project，HNP）的创始人和项目主任。

他知道总统一直由一名年轻的海军军官陪同，这名军官的公文包里装着核密码。

费舍尔提议将核密码装进一颗胶囊中，并将这颗胶囊植入这名海军军官的胸腔，而不是放在公文包中。

为了发射导弹，总统必须杀死这名军官并将他的胸腔剖开从而拿到密码。

费舍尔这样描述他的推理。

我的建议很简单：把发射核武器所需要的密码放进一颗小胶囊里，然后通过手术把这颗胶囊植入一名志愿者的心脏附近。

这名志愿者陪伴总统时会随身携带一把又大又重的屠刀。

如果总统想要发射核武器，唯一的办法就是先亲手杀死这名志愿者。

总统说："乔治，我很抱歉，但数千万人将要死去。"

他必须看着一个人在眼前死去，然后意识到什么是死亡——什么是无辜的死亡。

白宫地毯上的血迹就是清清楚楚的现实。

那么五角大楼里的人对费舍尔的提议做何反应呢？

当我向五角大楼的朋友们提出这个建议时，他们说："天哪，这太可怕了。必须杀死某个人会扭曲总统的判断。他可能永远不会按下按钮。"

五角大楼里的人的反应很有趣。

他们对总统按下杀死数千万人的按钮做好了准备，但一想到总统必须亲自杀死一个人，却会感到恐惧。

他们认为亲手杀死一个人比不是亲手杀死数千万人甚至是上亿人更加可怕。

因为前一种情况下，死亡是现实，而在后一种情况下，死亡只是理论上的。

这就是人类惯常的思维方式。这就是我们在这个世界的行为方式。

我们对自己关于世界上哪些因素会起作用的声明非常自信，因为我们不会冒险进入现实世界。

如果我们需要了解广告受众，我们有研究人员帮我们这么做。

如同透过一面双向镜来观察人们。

就好像我们的世界是现实世界，而广告受众只是鱼缸里的鱼，偶尔需要研究。

所以我们做的广告完全脱离了他们的世界，只有在我们的世界里才有意义。

我们不希望他们的世界里的肮脏现实污染我们的获奖作品。

毕竟，我们认识的人永远不会在那个枯燥乏味的世界里看到我们的作品。我们的作品在法国戛纳示人。

我们不需要粗糙、肮脏的现实扭曲我们细腻的情感。

第七部分

真正的无知
胜过虚假的知识

在需要知道的基础上进行通报

2017年11月，底特律警察局第11分局的警察们正在准备一次扫毒突袭行动。

此前，他们收到消息称，有两名可疑男子在底特律的一所房子前贩卖毒品。

他们刚刚被告知，许多高大威猛的武装分子进入了这所房子。

因此，那所房子显然是个毒品窝点，他们需要将其捣毁。

所以，当看到那两名男子在街上贩卖毒品时，警察们兴奋不已。

他们靠近那两个人。

他们喊道：**"我们是警察，你们被捕了！"**

那两个人大声回答：**"滚出去，你会毁了一切的。"**

警察喊道：**"趴在地上！"**

那两个人喊道：**"滚远点！"**

其中一名警察掏出枪，抓住这两个人，把他们打倒在地。

那两个人喊道：“你疯了吗？”

警察喊道：“闭嘴！”

那两个人开始与警察打斗，更多的人冲出了房子。

当警察与外面的嫌疑人搏斗时，更多来自11分局的警察冲了上来，开始与房子里的人搏斗。

突然之间，几十名人高马大的男子互相拳打脚踢，大喊大叫。

但房子里的人根本不是什么毒贩，而是12分局的警察。

几十名来自11分局和12分局的全副武装的警察开始狠揍对方。

周围的群众都挤在房子前、门廊里、小路上、街道上，目瞪口呆地站着看热闹。

他们知道，来自12分局的警察（在房子里）正在展开毒品诱捕行动，目的是抓捕购买毒品的人，所以他们才身着便衣，打扮成毒贩。

12分局的警察和周围群众都想知道突然出现并挑起一场斗殴的11分局警察们到底在干什么。

即使在他们都知道对方是警察之后，打斗仍在继续。

12分局的警察们冲着11分局的警察们大吼大叫，声称对方无权在本分局管辖的三个街区内设圈套。

12分局的警察们还嚷嚷着说，没有搜查令，11分局无权搜查房子。

打斗平息后，几名警察被送往医院。

他们拔出了枪，使用了警棍，所幸没有人员死亡。

底特律警察局局长詹姆斯·克雷格（James Craig）说，这是他40年职业生涯中最尴尬的事件："**就像《启斯东警察》❶（*Keystone Cops*）一样**。"

底特律警察局内务部展开调查，以查明到底是哪里出了问题。

但问题出在哪一目了然。

双方都没有与对方对话，因为双方都认为自己是负责人。

这就是一方不和另一方对话的结果。

这就是媒介策划人员先制定媒介排期表再跟创意人员交流的结果。

这就是广告策划人员先写大纲再跟创意人员交流的结果。

因为他们认为自己的工作是最重要的部分，不需要与任何人讨论。

无论他们做了什么决定，其他人都必须适应。

毫无疑问，这样做的效果不是很好。

---

❶ 《启斯东警察》是美国启斯东电影公司于20世纪初的无声电影时代推出的滑稽喜剧。在启斯东电影公司的镜头里，警察往往是被嘲笑的对象，经常被耍得团团转。由于这些警察的形象深入人心，"启斯东警察"后来成为美国社会生活中"愚蠢、无能"的代名词。——译者注

当一群人认为自己是最重要的人物，而且他们不需要和其他人讨论自己的角色时，猜猜会发生什么。

⚂ 反其道而行之

加利福尼亚海岸记录项目（The California Coastal Records Project）成立于2002年，目的是通过摄影来记录加利福尼亚的海岸线。

所以，项目组成员乘坐直升机飞遍了整个加利福尼亚海岸，每英里拍摄10张照片，共拍摄了1.2万张照片。

2004年，该项目获得了"安塞尔·亚当斯环保奖（The Ansel Adams Conservation Award）"。

但并不是所有人都被打动了。

著名歌手芭芭拉·史翠珊（Barbra Streisand）听说其中一张照片拍摄的是她位于马里布海滩的住宅。

所以她起诉了该项目的摄影师，声称其侵犯隐私，并索赔5000万美元。

在网站上，她的住宅照片被简单地命名为"图像3850"，并被浏览了4次。

但诉讼的消息刚一公开，每个人都想看看这张照片。

很快，该照片的浏览量就超过了100万次。

美联社报道了这张照片，它被刊登在世界各地的出版物上。

在芭芭拉·史翠珊试图删除这张照片之前，根本没人知道它的存在。

她提起索赔金额如此巨大的诉讼，使这张照片成了必看品。

不仅如此，法官驳回了这起诉讼，芭芭拉·史翠珊不得不支付摄影师约15.6万美元的律师费。

她试图删除照片，却适得其反。

这就是现在广为人知的"史翠珊效应"（Streisand effect）。

人们不想做别人告诉他们要做的事，而是想做别人告诉他们不要做的事。

这是一个惊人的发现，而广告商依然没有理解这一发现。

广告商认为，人们必须被告知该做什么。

这是因为他们认为人们是机器人。

他们不会想到人们会自己决定该做什么。

只有最好的广告才会把人们看作是有头脑的。

但是，这样的例子少之又少。

第一个把人当作有头脑的人对待的例子是大众汽车公司。

他们这样宣传自己的汽车：更小巧、更便宜、更简单、不那么起眼。

因此，大众汽车经济、可靠、实用。

大众汽车成了那些不想给别人留下深刻印象之人的汽车。

大众汽车与被称作"汽车城"的底特律的做法不同，底特律给人的印象是，他们的汽车是为那些替自己着想的人准备的。

大众汽车现在是世界上最大的汽车制造商，而底特律实际上毫无存在感。

因为，与底特律不同的是，大众汽车从不吹嘘他们的汽车，而是反其道而行之。

安飞士是另一个与吹嘘的做法背道而驰的例子。

他们没有在美丽的地方用漂亮的女孩和面带微笑的司机做广告。

他们说我们不是市场占有率最高的品牌，我们只是第二名。

那顾客为什么要选我们？

因为我们必须比第一名（没有点名，但显然是赫兹）更加努力。

第一名可以自满，我们不能自满，我们必须确保我们的服务更好。

安飞士做了与自吹自擂相反的事。

这就是安飞士能够开始与赫兹争夺头把交椅的原因。

苹果公司并没有吹嘘自己有多么的庞大和成功，他们的做法恰恰相反。

在超过50条商业广告中，苹果公司都没有声称自己的电脑比其他品牌的电脑更好。

他们的广告里只有两个人，Mac（代指苹果公司开发的个人消费型计算机）和PC（个人计算机的简称），在聊天。

广告场景是非常低调的小情景喜剧，广告中从未提及竞争对手（显然是微软），只使用"PC"这个通用术语。

通过做与吹嘘相反的事，通过允许人们用自己的头脑思考问题，苹果品牌现在是世界上最具价值的品牌。

也许我们应该停止告诉别人该做什么。

也许我们应该相信，人们能够用自己的头脑思考问题。

🏛 所有人都做的事情一定正确吗

1990年，我和流行歌手亚当·费斯（Adam Faith）正在录制一张唱片。

亚当把自己想象成一名企业家，并开始谈论投资。

我的公司已经成为一家上市公司了，而我的钱还存在银行里。

亚当说我疯了，并告诫我不能把钱存在银行里，而是要让钱发挥作用。

亚当把自己所有的钱都交给了一位专家，他认为我应该去见见这位专家，因为那些有名的朋友都在和他一起投资。

所以，录音结束之后，亚当开着他的劳斯莱斯汽车带我去见那位专家。

这位专家在伦敦西区拥有令人印象深刻的办公室，他抽着一支雪茄，递给我一杯香槟，告诉我那些令人印象深刻的著名客户。

整个谈话过程让我很不舒服。

这让人感觉不专业，感觉不像是在做生意。

所以我说我会考虑的，并且就此打住。

几个月后，我在《伦敦标准晚报》（*London Evening Standard*）上看到"专家"的公司破产了，"专家"本人也遭到逮捕。

这位"专家"负债3400万英镑（约合今天的7500万英镑），并因数十项欺诈指控而面临十年监禁。

损失一大笔钱的名人包括：迈克尔·温纳（Michael Winner）、塞巴斯蒂安·科（Sebastian Coe）、弗雷德里克·福赛思（Frederick Forsyth）和亚当·费斯。

这些名人和亚当一起投资，因为其他名人都在这么做。

他们不想被排除在外。

斯蒂芬·格林斯潘（Stephen Greenspan）是美国科罗拉多大学心理学教授。

他对人们容易上当受骗的原因很感兴趣。

格林斯潘写了一本书：《**受骗编年史：我们为什么会受骗以**

及如何避免受骗》（*Annals of Gullibility: Why We Get Duped and How to Avoid It*）。

他的书是对"人们容易上当受骗"这一主题的全面研究，该书出版于2008年。

该书出版两天后，格林斯潘发现自己大部分的积蓄都被伯纳德·麦道夫（Bernard L.Madoff）骗走了。

麦道夫是美国历史上最大的诈骗案——"庞氏骗局"的制造者，他的客户损失惨重。

每个人都相信麦道夫，因为他有著名的客户，没有人想被排除在外。

失去财富的名人包括：史蒂文·斯皮尔伯格（Steven Spielberg）、凯文·贝肯（Kevin Bacon）、约翰·马尔科维奇（John Malkovich）、杰弗里·卡森伯格（Jeffrey Katzenberg）。

艾萨克·牛顿可能是有史以来最聪明的人。

1720年，他投资了南海公司（South Sea Company），这是英国当时最热门的股票。

当他看到自己的股票价值增长了100%时，他将这些股票变现了。

他带走了7000英镑的利润（约合今天的130万英镑）。

但所有人都在继续购买这只股票，他不想被排除在外。

所以，他用赚来的每一分钱买入了更多股票。

当危机来临时，他最终损失了2万英镑（约合今天的400万英镑）。

正如他所说：**"我可以计算出天体运行的轨迹，却计算不出人们内心的疯狂。"**

艾萨克·牛顿尚且容易上当，我们这些人还有什么机会?

所以，当我们这一行的聪明人容易上当受骗时，我们不应该感到惊讶。

如果广告行业的人们都在把他们的预算转投到网络广告上，那是因为他们不想被排除在外。

尽管如此，正如鲍勃·霍夫曼（Bob Hoffman）指出的那样，43%的移动广告印象是虚假的。

全球范围内约52%的网络流量来自"机器人"（bots），即自动化程序。

这一结论来自网络安全公司Imperva 对全球10万个域名上的170亿次访问的研究。

一项进一步的研究表明，88%的营销人员证实，在线广告对他们的业务没有可以衡量的影响。

尽管如此，但每个人都这么做，因为其他人都在这么做。

理性的头脑可能害怕失败，但感性的头脑害怕被排除在外。

ⓜ 老年人与青年人

弗兰克·科尔蒂（Frank Corti）和玛格丽特·科尔蒂（Margaret Corti）躺在床上试图入睡。

早上六点，他们终于睡着了。

像往常一样，住在隔壁的那个人让他们一夜没睡。

弗兰克和他的妻子是一对安静的夫妇，他们都已72岁。

住在隔壁的是23岁的格雷戈里·麦卡勒姆（Gregory McCallum），他喜欢喝酒，播放震耳欲聋的音乐，通宵进行派对。

最终，在凌晨两点半左右，弗兰克不得不打电话给警察，试图让麦卡勒姆安静下来。

早上六点半，麦卡勒姆开始敲他们家的前门。

他仍然醉醺醺的，而且火冒三丈，他要为他们扫了他的兴报仇。

他们躺在床上，试图无视他，但他们睡不着。

最后，他们起床，穿好衣服，下了楼。

当时是早上八点，麦卡勒姆拿着一把刀和一个作为武器的指节金属套站在走廊里。

他破门而入，眼睛里充满了愤怒。

他挥舞着刀向弗兰克·科尔蒂猛地砍去，这是危险的一击。

麦卡勒姆是个正值壮年的年轻人，而弗兰克·科尔蒂是位退休的老翁，即使没有那把刀，这也不是一场公平的较量。

这确实不是一场公平的较量。

弗兰克向后一靠，避开了那把刀，与此同时，他挥出一记右勾拳，正好击中麦卡勒姆的嘴。

麦卡勒姆踉跄后退，放下了刀，弗兰克随后用一记左勾拳击中了他的鼻子。

紧接着，弗兰克用尽全力挥出了另一记右勾拳，只见麦卡勒姆的头猛地向后一甩，闭上了眼睛，昏倒在地。

正如弗兰克所说："**他像一袋土豆一样倒了下去。**"

麦卡勒姆不知道的是，弗兰克年轻时曾是拳击冠军。

就像弗兰克自己说的，你不会忘记这种本能，它是自动的。

弗兰克的妻子已经报警了。

警察们准备把暴力袭击的受害者送往医院，但受害者不是他们所料想的那位。

弗兰克说他必须"制止"麦卡勒姆，警察说"**他看起来像车祸受害者**"。

麦卡勒姆的嘴里有血，嘴唇裂开了，鼻子破了，一只又肿又黑的眼睛紧闭着。

当这个案子开庭时，麦卡勒姆因为入室盗窃被判了四年。

我认为他应该被判犯有愚蠢罪。

他认为，因为弗兰克·科尔蒂老了，所以他就没用了。

任何按照偏执的观点将人们分类的人都是愚蠢的。

将所有老年人归为一类人就像将所有BAME❶、妇女、残疾人或性少数群体归为一类人一样。

将所有老年人归为无用之辈的观点源于所有工作都是体力劳动的时代。

年轻人更擅长从事体力劳动。

就像足球运动员一样：足球运动员最好的时光是20多岁的时候，到30岁时，足球生涯就差不多结束了。

但那是球员，不是足球教练。

很少有20多岁的足球教练，因为管理与身体能力无关，而与思维能力有关。

思维并不会随着年龄的增长变得更糟，而是恰恰相反。

亚历克斯·弗格森（Alex Ferguson）被认为是有史以来最伟大、最成功的足球教练之一。

他退休时72岁，刚刚率领曼联夺得第13次英超联赛（Premier League）冠军。

不是因为他的年龄，而是因为他很优秀。

让我们停止发表这样的谬论：年轻人在任何事情上都表现得

---

❶ BAME 是 Black（黑人）、Asian（亚洲人）和 Minority Ethnic（少数民族）的缩写。——译者注

更好，而老年人已经过时了。

让我们仅仅把人当成个体来评判，这样更明智。

⑪ 没有伤害，就没有用

Uber于2012年6月在伦敦上线时，那是一个艰难的时刻。

伦敦有十分发达的交通系统，除了火车和公共汽车外，伦敦还拥有3000家私人汽车租赁公司。

仅仅私人汽车租赁公司Addison Lee一家就拥有4500辆汽车，年营业额达9000万英镑。

而且，用智能手机叫出租车这一功能绝不是独一无二的。

在英国，打车软件Hailo上有9000辆黑色出租车。

所以，对Uber来说，伦敦是一座很难闯入的城市。

在公司发展早期，Uber有50名司机，他们可以在24小时内完成30趟行程。

他们的职员仅有3人，其中1人是实习生。

Uber伦敦分部的负责人乔·伯特拉姆（Jo Bertram）想尽了一切办法来吸引公众的注意。

但各个新闻频道就是不感兴趣。

谁想要另一家私人汽车租赁公司开张的新闻？

但随后发生在2014年的一件事彻底改变了这一切。

Uber最大的竞争对手让他们出了名，给了他们连做梦都想不到的宣传。

2014年6月11日，伦敦的黑色出租车司机举行了针对Uber的罢工。

黑色出租车堵塞了兰贝斯桥（Lambeth bridge）、白厅、特拉法尔加广场和西区周围的道路。

威斯敏斯特市和皮卡迪利大街被堵得水泄不通。

伦敦市中心因8000辆黑色出租车抗议Uber而陷入瘫痪。

每一段新闻广播、每一家电视台、每一家广播电台、每一家报纸都在报道此事。

两年来，乔·伯特拉姆一直试图获得采访机会，却无人问津。

突然之间，她的电话开始响个不停。

早上六点半播出的天空新闻频道（Sky News）对她进行了采访，这是她第一次获得采访机会，之后她又接受了15次采访。

Uber从一个没人听说过的名字，摇身一变成了最热门的新闻话题。

每个人都想知道为什么黑色出租车如此害怕Uber。

原来，Uber是未来，而黑色出租车则被困在过去。

出租车司机不希望人们能够通过智能手机在街上立即租到私家车。

他们也不希望黑色出租车的票价降低三分之一。

出租车罢工给Uber带来的新闻播报时间超出了他们原本的承受范围，它给Uber带来的声望也超出了任何宣传活动。

突然之间，所有人都想使用Uber，Uber应用程序的下载量飙升了850%。

它们似乎是新颖的、时髦的、漂亮的。

四年后，Uber司机达到了25000名，超过了黑色出租车司机的数量。

每两秒钟就会有一趟Uber出行。

现在，Uber的办公室有100名员工，在英国的15个城市开展业务。

这一切都是因为黑色出租车司机做了Uber自己做不到的事。

通过对抗一个较小的对手，他们将这个对手在公众心目中提高到了与自己平起平坐的地位。

突然之间，Uber被视为他们唯一的真正竞争对手。

这就是为什么我总是向客户强调，如果竞争对手试图通过某一活动来抵制我们的品牌，会给我们的品牌带来最佳的宣传效果。

我们的目标应该是：制作出竞争对手试图禁止的广告。

因为如果竞争对手没有试图禁止我们的广告，那就意味着我们的广告并没有伤害到他们。

如果我们的广告没有伤害我们的竞争对手，那我们在做什么？

就像人们在纽约常说的："**如果没有伤害，就没有用。**"

当我们能够促使竞争对手为我们做广告时，我们就发现了一个有效的宣传方式。

🏛 跳出你的思维界限

林道沼泽（Lindon Moss）是位于英国柴郡的威姆斯洛的一块面积160英亩的泥炭沼泽。

安迪·莫尔德（Andy Mould）和斯蒂芬·多利（Stephen Dorley）是当地泥炭加工厂的工人。

1981年的一天，他们在传送带上的泥炭中发现了一个足球大小的东西。

他们把它提起来，开始刮去上面的污泥。

这是一个人类头骨，还有一只眼睛和头发的残余。

他们报了警，警察立刻就知道这是谁的头骨。

二十年来，他们一直在试图证明彼得·雷恩-巴特（Peter Reyn-Bardt）谋杀了自己的妻子。

马利卡·雷恩-巴特（Malika Reyn-Bart）在1960年失踪了。

一年后，有人听到彼得·雷恩-巴特在一家酒吧吹牛说自己杀了她并把她埋了。

警察把他的花园翻了个底朝天，但一无所获。

二十年来，雷恩-巴特一直以为他已经逃脱了惩罚。

现在，面对他妻子遗体的证据，他崩溃了，坦白了一切。

一天，他回到家，发现妻子和另一个男人躺在床上。

那个男人跑了出去，雷恩-巴特和妻子大吵了一架。

她威胁要向警方告发他是同性恋。

在当时，可能意味着公开的羞辱、遭逮捕甚至入狱。

所以他杀了她并肢解了她的尸体。

他们住在上述泥炭沼泽的边缘地带，所以他把尸块分别埋在了不同的地方。

他从未想到尸体会被发现。因此，当这个头骨被发现时，他承认了自己的罪行。

在他等待审判期间，警方将头骨送去做检测。

结果发现，这颗头骨有近两千年的历史。

它属于一名死于公元210年左右的女人，根本不是他妻子的。

雷恩-巴特立即推翻了他的供词，但为时已晚。

他受到审判，被判有罪并被判处终身监禁。

这都是因为他一直活在自己的世界里。

他的脑子里满是自己犯下的罪行，这成了他的整个世界。

他一直专注于此，直到其他可能性不复存在。

他无法看到在自己的圈子之外的任何东西，这让他一蹶不振。

这就是人类的大脑所做的事。

我们专注于一个问题，直到它扩张成为我们的整个世界。

我们无法逃避这个问题，所以不可能跳出这个问题去思考。

当我们发现自己陷入困境时，我们需要一个置身事外的人来帮助我们摆脱困境。

20世纪60年代初，利维黑麦面包（Levy's Rye Bread）的店主带着一个问题来找比尔·伯恩巴克。

他说他的包装好的黑麦面包卖不出去，他很绝望。

伯恩巴克问他在哪里为他的黑麦面包做广告。

店主说："还有别的地方吗？当然是《犹太纪事报》（*The Jewish Chronicle*）。"

伯恩巴克说："这就是你的问题，犹太人不会吃包装好的黑麦面包，他们想要新鲜的面包。你必须把它卖给不知道这一区别的非犹太人。"

店主说非犹太人不吃黑麦面包。

但是伯恩巴克的公司做了这样的广告：你不必是犹太人，也可以爱上利维的真正犹太黑麦面包。

广告以海报的形式出现在纽约市的各个地铁站。

利维的黑麦面包成了纽约市最畅销的黑麦面包，然后是纽约州，最后是全美国。

现在，黑麦面包是美国所有熟食店的主食。

这都是因为店主找了一个局外人帮忙。

这个人的头脑没有被现有的问题所局限。

这个人能超越头脑设定的界限，看到一个充满可能性的世界。

⑪ 当你为竞争对手做广告

1938年，奥逊·威尔斯（Orson Welles）播出了广播剧《世界大战》（*The War of the Worlds*）。

他以新闻播报的形式在全美广播了该剧，大批美国听众信以为真。

据说，数百万人惊慌失措，尖叫着跑到大街上，成千上万的人驾驶着自己的汽车逃往山区，几十人因恐惧导致心脏病发作，甚至有传言说有些人在极度恐惧中跳楼。

正是这一事件让奥逊·威尔斯的声名如日中天。

此前，他只在纽约为人所知；此后，他在全美家喻户晓。

报纸头条这样写道：

心惊胆战的电台听众把战争剧当作事实——《纽约时报》。

美国被来自火星的无线电人吓坏了——《旧金山纪事报》（*San Francisco Chronicle*）。

电台的虚假节目吓坏了整个国家——《芝加哥先驱报》

（*Chicago Herald*）。

这个故事非常有名，已经成为传奇。

它可能是传奇，但不是真的。

事实上，很少有人听过这个广播节目。

那些听过的人并没有把它当回事。

该节目在美国哥伦比亚广播公司（CBS）电台播出，该公司总裁弗兰克·斯坦顿（Frank Stanton）表示：**"大多数人没听过这个节目，而那些听过的人则把它当作恶作剧，并以这种方式接受了它。"**

收视率调查公司胡珀公司（Hooper）在节目播出期间致电5000户家庭进行全国收听率调查，结果发现只有不到2%的家庭在收听这一节目。

一位困惑的读者在给《华盛顿邮报》（*The Washington Post*）的一封信中写道：**"在广播播出期间，我沿着街道向前走，很多商店里的收音机都在播放这个节目，但我并没有看到所谓的'民众的恐慌'，因为压根就没有人感到恐慌。"**

《每日新闻》（*Daily News*）的电台编辑本·格罗斯（Ben Gross）说：**"人们没有歇斯底里，事实上街道上几乎没有人。"**

那么，一个广播节目引发大众恐慌的神话是如何产生的呢？

事实是，报纸夸大了这一点。

在1938年，广播还是一种相对新颖的媒体，而且广播在美国是商业性的。

几年来，广播电台一直在从印刷媒体手中吸走广告收入。

报纸想尽一切办法要败坏广播的名声。

因此，他们利用了奥逊·威尔斯的广播节目来散布恐慌的谣言。

《纽约时报》表示：**"广播是新兴媒体，但它应该有成熟媒体的责任，广播还无法掌控自己和自己使用的素材，它将令人毛骨悚然的小说与新闻播报结合在一起，以提供真实新闻的方式呈现给大众。"**

《编辑与发行人》（*Editor & Publisher*）写道："（广播）这一媒体尚未证明自己有报道新闻的能力，它使整个国家继续面临着新闻不完整和被误解的危险。"

因此，报纸试图通过诋毁广播电台来使广告商失去对广播电台的兴趣。

但广告商的做法恰恰相反。

广告商开始相信广播的力量，他们认为报纸无法引发这样的反应。

故事刚一播出，金宝汤公司（Campbell Soup Company）就和奥逊·威尔斯达成了一项协议，为他的水星剧场（Mercury Theatre）提供赞助，他们把剧院的名字改为金宝汤剧场（The Campbell Playhouse）。

媒体的恶名帮助奥逊·威尔斯在好莱坞获得了一份导演的工作。

他有这样的声誉，这让他被授予全权，可以在他的第一部电影中写剧本、选演员、打灯光、剪辑、导演和表演，他认为怎么合适就怎么来。

这是闻所未闻的事，但报纸带给他的名声让他有权这样做。

他的第一部电影就是《公民凯恩》（*Citizen Kane*），通常被电影专家评为有史以来最好的电影。

如果报纸没有试图消灭广播，这一切就都不会发生。

在我们午餐时间的传说

每一集《辛普森一家》（*The Simpsons*）都需要9个月的制作时间。

从构思，到创作剧本，到录音，到制作动画。难怪它们要花一大笔钱。

有名人配音，又不吝惜成本，难怪《辛普森一家》是美国电视上播放时间第二长的节目。

但如果这只是播放时间第二长的节目，那么播放时间第一长的节目的制作成本有多高呢？

很奇怪的是，它的制作成本一点都不高，事实上，它几乎没花任何成本。

它便宜，制作快速而且容易：没有创意，没有剧本，没有名人配音。

这一播放时间最长的节目叫作《美国警察》（COPS）。

这个节目只是拿着一个手持摄像机，现场拍摄警察进行执法活动的画面，并将拍摄到的画面剪辑成电视节目。

这是一个非常简单的计划，那么是谁让这样一个了不起的创意得以产生的呢？

奇怪的是，恰恰是这部剧不需要的角色催生了这一创意：编剧。

1988年，美国编剧工会（The Writers Guild of America）进行了集体大罢工。

所以，罢工期间没有新的剧本被创作出来，也就没有新的节目可以制作，什么都没有。

当时福克斯电视台（Fox TV）刚刚成立，斯蒂芬·赵（Stephen Chao）负责寻找新节目，当时还没有什么节目剧本可以创作。

他向约翰·兰利（John Langley）提到了自己的困境，兰利给他看了自己获得的警方缉毒行动的录像。

警察砸开门，拔出枪，尖声大叫，把吸毒者推倒在地，用手铐把他们铐在可卡因和污秽中。

这段录像的情节紧张刺激、扣人心弦，以至于不需要任何主持人或画外音。

他们在观看这段录像的时候产生了同一个想法：谁还需要编剧？

一种新的节目类型应运而生，这一节目不需要那些正在罢工的编剧们。

约翰·兰利首先联系了布劳沃德县的警长尼克·纳瓦罗（Nick Navarro）。

纳瓦罗当时正在竞选连任，他把这些节目视为宣传自己的电视广告。

报纸上的评论很棒，其中一则说：

在电视荧屏上，我们有过男性警察：《斯塔基与哈奇》（*Starsky and Hutch*）；我们有过女性警察：《卡格尼与莱西》（*Cagney & Lacey*）；我们有过特立独行的警察：《冲突》（*Serpico*）；我们有过衣冠不整的警察：《神探可伦坡》（*Columbo*）；我们有过衣冠楚楚的警察：《迈阿密风云》（*Miami Vice*）；我们有过冷酷的警察：《夏威夷特勤组》（*Hawaii Five-0*）；除了真正的警察，我们什么都有过，直到《美国警察》出现，我们终于有了真正的警察。

全美国的警察局纷纷开始邀请该节目组拍摄他们工作时的情况。

洛杉矶警察局局长威利·威廉姆斯（Willie Williams）说：

"这个节目使警察局得到了一些正面的报道，并让人们了解警察每天都要处理的现实问题，这是有意义的。"

这成了一种提高警员士气、赢得社会尊重和提高警员招募人数的方法。

通过罢工，编剧们恰恰创造了他们试图扼杀的东西：新的电视节目。

剧本的缺乏创造了一种新的电视节目类型。

因为有的人很有创造力，并在问题中发现了机会。

现在，世界各地都有以警察为主角的真人秀节目。

此外，还有《冰路前行》（*Ice Road Truckers*）、《卡车游内陆》（*Outback Truckers*）这样的节目，内容涵盖了紧急救援、医院急诊室、机场走私等多种场景，有的节目甚至以哈罗德百货（Harrods）等商店为主题。

编剧们罢工导致的结果就是迫使人们变得有创造力。

人们发现他们不需要编剧，现实生活更刺激。

电视编剧们与现实脱节，他们认为自己更加重要。

我想我们在自己的行业中也做过这样的事。

但我们并不重要，现实世界更令人兴奋。

如果我们忘记这一点，现实世界也将不再需要我们。

⑪ 机器可以取代创造力

1891年，赫伯特·亨利·道（Herbert Henry Dow）发明了陶氏法。

这是一种利用电解法提取溴的更廉价方法。

在当时，溴可是个大买卖。

它被用于：药品、消毒剂、染料、感光胶片、肥料、净水剂、阻燃剂和杀虫剂。

一个名为布鲁克化工企业联合体（Bromkonvention）的卡特尔垄断了溴的生产和销售。该卡特尔由30多家德国化工企业组成，由德国政府控制，能操纵溴的市场价格。

但道的新工艺让他能够以更低的价格提取并出售溴。

该卡特尔以每磅49美分的价格出售溴。

而道开始以每磅36美分的价格出售溴。

该卡特尔警告他停止销售，但他继续销售。

因此，在1904年，该卡特尔开始在美国"倾销"溴。

这种做法指的是最大的生产商以低于成本的价格销售产品，从而抢走较小竞争对手的所有客户。

作为最大的生产商，他们可以承受这样做的成本，但规模较小的竞争者却无法承受。

该卡特尔开始以每磅15美分的价格在美国出售溴。

该卡特尔在美国的销售额巨大，但奇怪的事情开始发生。

他们在欧洲的销量开始下降。

有人在欧洲以更便宜的价格出售溴。

在美国，该卡特尔的溴降价后的销量比他们想象的要高。

但他们在欧洲的销量下降了，因为有人在削价竞争。

他们花了很长时间研究这一奇怪现象，最终明白发生了什么事。

道无法与他们在美国的低价相匹敌，但他不需要这么做。

他只是以低于成本价的价格把他们出售的每磅溴都买了下来，然后运回欧洲。

在欧洲，他给这些溴重新贴上标签，其价格低于该卡特尔在欧洲的售价。

因为该卡特尔的溴在欧洲的售价仍然是每磅49美分，而在美国的售价是每磅15美分。

道会以每磅15美分的价格买入所有溴，然后将其出口到欧洲，并以每磅27美分的价格在欧洲销售。

当然，每个人都会购买价格较低的溴。

每磅溴让该卡特尔损失了34美分，却让道赚了12美分。

该卡特尔实际上是在资助道。

最终，该卡特尔让步了，道可以自由地继续在美国以每磅36美分的原价出售自己生产的溴。

道以其人之道还治其人之身。

当该卡特尔在美国"倾销"溴的时候，他把卡特尔的数十万磅溴带回欧洲，并开始在那里"倾销"。

道设计了这个游戏，所以不管他们采取什么行动，他都会赢。

今天，赫伯特·亨利·道创办的陶氏化学公司（Dow）是世界上第二大化工企业。

2020年，该公司在全球拥有约35700名员工，2020年净销售额达385.42亿美元。

这才是真正的创造力，拒绝像其他人一样被相同的惯例所束缚。

不被公认的智慧所吓倒，无论这种智慧多么根深蒂固。

这样的创造力在我们这个行业已经不多见了。

现在我们看到的是针对标准媒体空间中标准内容的标准解决方案的标准简报。

难怪我们认为人工智能最终会接替我们的工作。

我们似乎没有任何创造性思维的能力。

过度补偿

当我从艺术学院毕业时，我想在一艘不定期航行的货船上工作。

在大学待了四年后，我喜欢在周游世界的同时从事体力劳动。

所以我去了布鲁克林码头，签约上了一艘丹麦货船。

我只是一名甲板水手，但货船航行至墨西哥湾时，船员们让我掌舵。

货船的航向是由位于驾驶室中心的舵轮来控制的。

该船重1万吨，以16节（约每小时29.6千米）的速度航行。

他们让我把注意力集中在桥楼前的升降起重机上。

他们让我将舵轮朝我想去的方向转动。

我一看到起重机往我想去的方向移动，我就把舵轮往反方向转。

我不能等船到达我想要的位置再转动舵轮，到那时就太晚了，轮船会继续转弯，径直绕过它。

轮船不像一辆车，你转动方向盘，车就会立刻转向。

在一艘轮船上，一切都有时滞。

你转动舵轮，船舵在10秒钟后才会有反应。

有1万吨海水以每小时20英里的速度流过，试图阻止船舵移动，所以你需要一个十分强大的控制装置来转动船舵。

一旦船舵动了，它就需要咬入水中，这又需要10秒钟。

当船舵咬入水中时，1万吨的轮船开始逐渐转向。

这时，你必须在轮船驶向你想要的方向的20秒前，开始把舵轮往相反方向转。

整个过程就像一个巨大的工厂在海洋上滑行。

转向……然后纠正……然后再纠正……然后（但愿是）最后一次纠正。

对于一个没有航海经验的人（像我这样）来说，这就像是不断地过度纠正，没有精确性可言，只有大幅度的动作。

每一个动作都比你打算的更大更慢，每一个动作都是巨大而粗糙的，但这艘船表现得毫不在乎。

巧合的是，我后来发现，这正是大众对广告的反应。

公众就像一艘巨大的轮船，在他们生活的海洋中奋力前进，他们根本不在乎我们在做什么。

如果我们想要引起他们的一丝注意，我们必须做得比我们认为必要的多得多。

我们转动舵轮，从而使能让轮船转向的船舵转向，但我们为此需要做的事情总是比我们认为需要做的事情多得多。

因为，公众根本不在乎我们在做什么。

就像驾驶一艘轮船一样，我们需要的是一把大锤而不是一把剑。剑是给大奖评委的：给那些把广告当作生活中心的人的聪明的小广告。

那些在放大镜下观察广告的人。

保罗·阿登（Paul Arden）曾告诉我，他从查尔斯·萨奇

（Charles Saatchi）身上学到的最重要的东西是："**要有更远大的目标。不管你的目标有多远大，它都不够，要有更远大的目标。**"

后来，我读到达米恩·赫斯特（Damien Hirst）说他从查尔斯·萨奇身上学到的最重要的东西是："**要有远大的目标，如果你不因此发窘，那就说明你的目标不够远大。**"

萨奇就是这样培养我们这个时代最大胆、最具创造力的两位思想家的。

萨奇总是认为不管我们做什么，都没有人会注意到。

因此，我们做的事情必须更令人震惊、更耸人听闻、更庞大，才能在现实世界中产生影响。

现实世界中不会有人用广告大赛评委的放大镜来仔细检查广告，在现实世界，没有人在乎广告。

第八部分

陷阱:
自以为我们知道

🌀 思维的麻痹

大约2500年前，修昔底德（Thucydides）便"预言"了"英国脱欧"。

当然，他写的不是"英国脱欧"，而是伯罗奔尼撒战争（Peloponnesian War）。

让我们来看看下面这段话是不是很熟悉。

一般而言，智力较低的人会胜出。

他们害怕自己的缺点，同时害怕对手的聪明才智，因此怕自己在有说服力的证据前败下阵来，或者怕机敏的对手让自己措手不及，故而大胆地采取行动。

相反，他们的对手目中无人并对自己的预测能力充满了信心，认为没有必要采取行动，他们可以凭借头脑赢得胜利。

将这段话与记者马特·乔利（Matt Chorley）关于英国脱欧的报道进行比较。

虽然留欧派花了很多时间相互交谈，不排除任何可能性，把各种选择都放在桌面上，组成小组、召开会议、制订计划、策划

阴谋，但他们已经完全被更果断的对手弄乱了阵脚。

所以，在2500年的时间里，我们基本上没有什么进步。

我们仍然把过程看得比结果更重要，把形式看得比功能更重要。

或者，正如罗里·萨瑟兰（Rory Sutherland）所言："**受教育程度过高的技术官僚精英们宁可要精确的错误，也不要模糊的正确。**"

这是为什么呢？

对此，马茨·阿尔维森（Mats Alvesson）在《愚蠢的智者》（*The stupid Paradox*）一书中做了如下解释：

十多年来，我们研究了数十个组织中的数百人。

我们不断被这些组织震惊，它们雇佣了这么多拥有高智商和高学历的人，却做了如此多愚蠢的事情。

以下是他给出的一些例子。

对令人印象深刻的幻灯片比对真正有用的分析更感兴趣的高管。

对保持积极态度比对解决问题更感兴趣的科技公司。

对品牌塑造的痴迷超过任何创新思维的营销主管。

在"改变练习"上投资数百万美元，但一次又一次在同样的事情上遭遇失败的公司。

对重塑军队形象比对军事演习更感兴趣的高级军事人员。

思维瘫痪似乎是所有这些人的一个共同点。

在我们的公司，我们开创了第一个真正的全部门流程系统。

事情的起因是这样的，我们赢得一个项目，客户要求我们用6个月的时间来推出一个宣传活动。

活动策划人员和客户花了大量时间来思考和讨论任务简报，直到第五个月才完成任务简报。

我们只好在仅有的1个月时间内完成了宣传方案，而当我们提交这一宣传方案时，它被拒绝了，因为任务简报是错误的。

所以策划人员浪费了5个月的时间做了一份错误的任务简报，而我们本可以用这5个月想出不同的宣传方案。

因此，我们开发了一个流程系统，在这个系统中，每个部门都必须在最后期限前完成自己的工作。

英国最成功的企业家之一彼得·伍德（Peter Wood）的座右铭是：**"立即行动，在行动过程中不断调整优化。"**

不要等到所有事情都变得完美后再开始，因为事情永远不会变得完美，所以等待就是在浪费时间。

传奇足球教练比尔·香克利（Bill Shankly）曾经问一位年轻的前锋，他为什么在对方球门前犹豫不决，以致把球给丢了。

那位年轻人说：**"我不知道是应该使用吊射把球高高挑过守门员头顶，还是使用假动作让守门员扑错方向。"**

香克利说：**"听着，孩子，如果你发现自己站在球门前，而球就在你脚边，但你不知道该做什么，那就把球踢进球网，我们**

会在之后讨论你的所有选择。"

或者正如乔治·史密斯·巴顿（George Smith Patton）所说：
"今天的好计划胜过明天的完美计划。"

⑪ 治疗经济萧条的方法

IBM公司总裁托马斯·沃森（Thomas Watson）是个精力充沛的人，他彻底改变了这家公司。

他给每一名员工的座右铭都是**"思考"**。

在股市崩盘的1929年，这个座右铭变得非常应景。

这是历史上最具毁灭性的股市崩盘，标志着全球大萧条的开始。

美国有半数银行倒闭，失业率超过20%，工业生产下降了55.6%。

大多数公司都在裁员，这在当时是明智之举。

但沃森把他的高管们叫进会议室，他说：

先生们，我们的一些员工不得不对他们的财务状况进行很多思考，这分散了他们对主要问题的注意力，当然，主要问题是建立IBM公司并使它成为更大更好的公司。

在过去三周里，我没有做过任何对IBM公司有利的事情，我没

有和你们任何人谈论过销售、收款等问题。

因为过去三周我一直在经营一家股票经纪公司。

沃森说员工们都无心工作，因为他们担心的是股价暴跌和他们的存款严重缩水。

沃森知道担心解决不了任何问题，他们需要采取行动。

因此，沃森采取了与其他公司截然相反的做法。

他没有解雇任何人，而是让所有工厂继续运转，生产IBM公司的机器。

他还做了一件从未有人做过的事——拿出6%的收入（当时是100万美元，相当于今天的180亿美元）建造了第一个企业研究实验室，把所有发明家和工程师都安排在同一栋楼里。

在库存积压、股价暴跌的情况下，他的这些行为看起来很疯狂。

但是，沃森不像其他任何人，他知道大萧条不会永远持续下去，他要让IBM公司在大萧条最终结束时处于比其他企业更好的位置。

1933年，富兰克林·罗斯福当选美国总统。

在罗斯福新政（The Roosevelt New Deal）下，他通过了《社会保障法案》（*The Social Security Act*），规定雇主必须从每名工人的工资中扣除部分钱款用于社会保障，这样一来，老年人、失业者、残疾人和有孩子的寡妇就能得到经济援助。

突然之间，每位雇主都需要记录本公司每名工人的工资和工作时间，政府也是如此。

突然之间，每家公司都需要大量用于制表和计算的机器，而且现在就要。

只有一家公司正在全力生产这些机器，并且拥有大量库存，可以立即供应，那就是IBM公司。

仅伍尔沃斯公司（Woolworth Ltd.）一家公司，每年用于此项的成本就高达25万美元（相当于今天的45亿美元）。

从1935年到1939年，IBM公司的收入增长了81%，并持续增长了45年。

IBM公司不仅主导了市场，他们还拥有了市场。

在此期间，他们发明了软盘、条形码、硬盘驱动器和自动柜员机。

今天，IBM公司在全球拥有35万名员工，公司员工获得了5项诺贝尔奖。

这都是因为，1929年，托马斯·沃森遵循了他自己的格言："**思考**"。

正如他自己在大萧条最严重的时候所说的："**工业进步何时才会重新开始？要我说，它从未停止。你会发现有创造力的天才、进步的思想、进步的人，他们比以往任何时候都更加活跃。工业进步从未停止。**"

或者，正如比尔·伯恩巴克后来所说："**创造力很可能是我们在竞争中合法拥有的最后一个不公平的优势。**"

🖐 得克萨斯神枪手广告

1894年，英国伦敦有11000辆出租马车和数千辆公共马车。

每辆公共马车一天需要12匹马，所以伦敦街头有大约5万匹马。

这仅仅是为了交通出行，此外还有成千上万的马匹和马车来运送啤酒、水果、蔬菜、牛奶、面包、家具和其他一切东西。

每匹马每天产生15磅到30磅粪便以及至少一夸脱尿液，这些排泄物遍布伦敦的大街小巷。

《泰晤士报》（*The Times*）在1894年曾经预言："**五十年后，伦敦的每条街道都会被掩埋在九英尺厚的粪肥之下。**"

因为当时汽车尚未问世，而未来肯定是现在的延伸，所以我们只能根据自己知道的情况来预测将会发生的事。

这就是所谓的**得克萨斯神枪手谬论**（The Texas Sharpshooter Fallacy）。

它基于一个想要被人称为神枪手的得克萨斯人。

他拿出两支手枪，开始向自己的谷仓边开火。

子弹横飞，但有些弹孔是自然聚集在一起的。

于是他拿来一支画笔，在弹孔密集处周围画了一个靶标，这让他看起来像是精于射击，似乎他击中了靶心很多次。

我们经常这样做，寻找固定的自动化处理模式是大脑的一种本能。

我们让事实符合我们的想法，这就是阴谋论的原理。

你可以在任何阴谋论中发现这一点。

在约翰·肯尼迪遇刺案中，模糊不清的照片被解读为栅栏后面的几名狙击手。在9·11事件中，一阵阵灰尘被解释为预先放置的爆破装置。

保罗·麦卡特尼死了，因为他在专辑《艾比路》（*Abbey Road*）的封面照片上没有穿鞋。

得克萨斯神枪手谬论最经久不衰的例子之一是诺查丹玛斯。

一直以来，人们都在解读下面这首他写于500年前的令人捉摸不透的诗歌。

人们认为他预言了历史上的许多事件，例如：

饥饿的野兽将渡过河流，

大部分战斗将在多瑙河（Hister）附近举行，

这将导致伟大的人被关进铁笼子，

而德国莱茵之子将会庆祝。

很明显，他指的一定是第二次世界大战。

"Hister"一定是指希特勒（Hitler），尤其是当他谈到"**德国莱茵之子**"时。

是的，从我们的时代进行解读，看起来是这么回事。

但这是在弹孔周围画一个靶标，使他的诗歌符合我们的认识。

因为，事实上，在诺查丹玛斯的时代，"Hister"是多瑙河的名字。

他在前一行诗句中提到的河流之一。

但我们的大脑直接忽略这一点，而将一切与我们当前的经验联系起来。

这就是我们把主观性误认为客观性的情况。

我们认为自己的所思所想是解释事实的唯一方式。

我们不调查事实，我们首先预设好结果，然后围绕这个结果做出假设。

无论这是否是正确的结果，我们只听得进能证实我们观点的事情。

例如，广告媒介的选择：我们想选择网络媒体，所以我们引用虚荣指标："赞"和"分享"。

或者，无视所有证据，我们认为我们必须有一个有影响力的广告策略。

我们必须拥有一个针对每种新媒体形式的策略，如Instagram（照片墙）策略、Facebook策略、Twitter策略等形式的策略，我们必须拥有这样的策略，仅仅因为我们必须拥有它。

无论我们想要什么，我们只解释符合我们偏好的数据。

我们必须使事实符合我们想要的结论。

所以我们在弹孔周围画上一个靶标。

这比用我们的大脑真正击中目标要容易得多。

🤜 你只以为自己知道

1959年，约翰·霍华德·格里芬（John Howard Griffin）是新奥尔良的一名记者。

第二次世界大战之后，世界在变化，人们在任何地方似乎都被平等对待。

至少，除了美国南部各州之外都是这样。

许多美国南方人仍然认为，黑人永远不能被视作与白人平等。

作为一名记者，格里芬对此十分着迷。

当黑人抱怨时，他会说："我知道你们的感受。"

他们会摇摇头说："我不这么认为。"

格里芬想：他们是对的——我不知道他们的感受，因为我不是黑人。

然后他想：如果我变成黑人，我就会知道那是什么感受，而不仅仅是观察这种感受。

所以他就这样做了，他把亲身经历写成了一本书，书名叫《像我一样黑》（*Black Like Me*）。

首先，他找了一个医生，在医生建议下服用了可以使皮肤变黑的药物；其次，他在一盏太阳灯下坐了很长时间，晒黑了皮肤；最后，他剃了光头，戴了墨镜。当他照镜子时，他认不出自己了。

新奥尔良的其他人也认不出他了，他变成了一个黑人。

然后他去了美国南方种族歧视最严重的地方：密西西比州和亚拉巴马州。

他说："以前，我认为黑人基本上过着白人所知道的生活，只是会有一些因为歧视和偏见导致的不便。"

但当他变成一个黑人后，他的经验立刻改变了："一切都不一样了。一切都变了。当我进入能接触到白人的地方，我意识到我被视为一个异类，我在这里所说的不仅仅是我自己。这是我认识的每一个黑人都经历过的扭曲心灵的经历。"

"文明"的白人不希望黑人和他们掺和在一起。

格里芬买冰激凌时，他看到商店里有个牌子清楚地写着"洗手间"。

他问那个刚刚卖给自己冰激凌的人有没有洗手间。

那人说："你沿着那条路走到桥边，沿着那条路向左转，再沿着那条路走到一个加油站，那里有一个洗手间。"

格里芬问有多远，那人说大约14个街区。

格里芬问他有没有更近的洗手间可以用，那人说他不知道。

后来，他买了一张巴士票，然后转身走进空荡荡的大候车室坐下来。

卖给他票的女人对他怒目而视，把头甩向左边。

格里芬走了出去，发现了一间狭小拥挤的候车室，里面挤满了黑人。

在长途汽车上，一名白人妇女不愿坐在他旁边的空座位上。

他被迫起身坐到另一名黑人旁边，好让她坐下。

他说，作为一名白人，他已经习惯了可以不假思索地走到任何地方。

但作为一名黑人，他不得不计划每次出行，以确保他有地方可以吃饭、喝水或上厕所。

格里芬说，通过成为一名黑人，他学会了一名白人通过观察永远学不到的东西：黑色不是一种肤色，而是一种生活体验。

格里芬所做的事给我们上了很好的一课。

我们的受众总是与我们不一样的人。

我们认为，只要观察别人就知道他们想要什么。

然后，我们从自己的角度来理解他们。

但要真正了解他们的情况，我们必须在更深层次上建立联系。

也就是伯恩巴克所说的"简单、永恒的人类真理"。

如约翰·格里芬在他的书中所说的那样："如果我能披上黑人的皮肤，经历任何可能发生的事，然后与他人分享这一体验，也许在人类共同经验的层面上，我们可能会达到某种在纯粹理性层面不可能达到的认识高度。"

任务简报是"做什么"而不是"怎么做"

1945年，德国的U–864号潜艇计划将一批秘密的货物运往日本。

这批秘密的货物包括：65吨汞，建造喷气式飞机的全套图纸，外加德国的喷气式飞机工程师以及日本的鱼雷专家和燃料专家。

这是一艘非常庞大的U型潜艇，装备有22枚鱼雷。

由25岁的詹姆斯·朗德斯（James Launders）指挥的英国潜艇"冒险者"号被派去拦截这艘德国潜艇。

正如他们所料，他们在挪威附近发现了U–864号潜艇，但他们只看到了它的潜望镜，它保持着潜航状态，因此他们也保持着潜航状态。

由于两艘潜艇都在水下，看不见对方，所以使用ASDIC（英国版的声呐）是说得通的。但是朗德斯认为主动声呐发出的声波会暴露自己的位置，所以他转而使用了水听器。

他们静静地等了45分钟。最后，U型潜艇开始移动了。

U型潜艇以"之"字形路线曲折前进，朗德斯指挥潜艇在水下跟踪了三个小时。

最后，朗德斯知道自己必须发起攻击，但他也知道鱼雷需要4分钟才能击中U型潜艇。

这意味着对方会听到鱼雷来袭的声音，然后采取规避动作。

当时，攻击有两个维度：与目标的距离和目标的水平移动速度。

这将是有史以来第一次三维攻击：它包括了深度。

朗德斯不仅要掌握U型潜艇当前的位置，更重要的是要掌握潜艇从发现鱼雷开始4分钟后的位置。

朗德斯根据U型潜艇的速度、转向、下潜能力以及他认为U型潜艇指挥官的应对之策进行了计算。

他以17.5秒的间隔发射了4枚鱼雷：一枚直扑U型潜艇而去，一枚射向潜艇下方，一枚射向潜艇左下方，一枚射向潜艇右下方。

最终，他们听到一声巨大的水下爆炸声。

正如朗德斯所料，第一枚鱼雷迫使潜艇下潜，直接进入了第二枚鱼雷的路线；第二枚鱼雷迫使潜艇向左转向，直接进入了第二枚鱼雷的路线；第三枚鱼雷又迫使潜艇向右转向，直接进入了击中它的第四枚鱼雷的路线。

一艘潜艇与另一艘潜艇在水下战斗并将其击沉，这在人类海战史上是首次也是唯一的一次。

这不是什么可以预料或传授的东西。

所以这并没有被写在任务简报上，任务简报上只写了U型潜艇的大致位置，任务就是击沉它。

任务简报是做什么，而不是怎么做。

如今，撰写任务简报的人往往认为，他们的工作是写一份事无巨细的清单来说明工作应该如何完成。

所以，没有受过培训的人去撰写工作简报，会束缚那些真正从事这项工作的人。

当然，撰写任务简报的人应该关注商业问题：要做的工作是什么？

那些真正从事工作的人应该只关心如何完成工作。

找到正确的答案是撰写任务简报的人的工作。

让这个答案被注意到并被记住是从事实际工作的人的工作。

这就是他们的工作，这就是为什么他们应该接受培训。

撰写任务简报的人接受过营销培训，而不是沟通培训。

而从事实际工作的人接受过沟通培训，而不是营销培训。

如果每个人都能各司其职，避免越俎代庖，整体的工作效果就会更好。

如果帽子合适，就戴上

我们通常所见的表现19世纪美国的图片是：戴着斯特森帽赶着牛群的西部牛仔，戴着斯特森帽与银行劫匪持枪对射的警察，戴着斯特森帽防范印第安人的殖民者。

画面当中有些内容是真的，但关于斯特森帽的部分不是。

斯特森帽直到1865年才出现。

在此之前，养牛工人只是随便抓起身边的一顶帽子戴上，就算帽子脏了或者破了也无所谓。

因此，养牛工人会戴上旧的尖顶帽，或阔边帽，或用动物皮革制成的帽子，或破草帽，或"猪肉馅饼帽"，或圆顶礼帽，和各地的人所戴的帽子别无二致。

约翰·巴特森·斯特森（John Batterson Stetson）在科罗拉多州淘金时就是这么做的。

当时，他注意到这些帽子都不适合户外工作。

面对灼热的太阳和冰冷的雨水，这些帽子中没有一顶能够给头部提供足够的保护。

于是他从零开始，用几张干燥的海狸皮做了一顶帽子。

他不在乎它的外观，只在乎它的效果。

所以他给这顶帽子加了一个又大又宽的帽檐，以遮挡阳光和雨水。

他把帽子的内部做得比头部还高，这样一来，高顶里面的空气就能起到隔热的作用。

当他第一次戴上这顶帽子时，每个人都笑了。

但其中一个工人试了试，非常喜欢，于是付给斯特森5美元将它买了下来。

很快，更多的工人尝试了这种帽子，也想要这样的帽子。

于是斯特森又制作并卖出了很多顶这种帽子。

很快，他意识到他从帽子上赚的钱比淘金赚的钱更多。

于是他回到费城，开始专门制作这种不寻常的帽子。

他称自己的设计为"平原老大"。

他把帽子样品寄给美国西南地区的商人，建议他们订购这款帽子。

这款帽子的销量大增，一年之内他就开办了一家工厂。

"斯特森：平原老大"这个名字被简称为斯特森，一种全新风格的帽子由此诞生。

到19世纪末20世纪初，斯特森的帽子工厂每年生产350万顶帽子。

与此同时，人们开始在好莱坞拍摄电影。

当时拍摄电影的设备和技术都很粗糙，他们需要简单的故事和简单的图像。

关于牛仔的故事很简单（好人与坏人角色分明），只要让他们都戴上大而独特的斯特森帽，牛仔形象呼之欲出。

到20世纪初，斯特森帽被好莱坞电影作为美国西部的象征，而美国西部的代表是西部牛仔。

从那时起，头戴斯特森帽西部牛仔的形象就诞生了。

所以存在的历史不是事实，而是形象。

今天，每个饰演西部牛仔的电影明星，每个以乡村歌手著称的超级明星，一定都戴着一顶斯特森帽以确保可信度。

斯特森帽作为美国艰苦奋斗、白手起家的珍贵象征，被送给每位访问美国的外国政要。

这个例子给我们的启示是，现实是无关紧要的。

人们的头脑相信什么是现实，什么就会成为现实。

所以我们的工作是创造现实，这意味着我们的媒体是可以进行思考的大脑。

当罗斯福问丘吉尔他认为历史将如何铭记他们时，丘吉尔说："**历史必将善待于我，因为我将书写历史**。"

他确实书写了历史，这是事实。

⑪ 好的广告是卖出去的广告

你能把一款产品做得太好吗？

你能给你的顾客提供物超所值的产品吗？

也许你能，你可以把产品做得很好，但产品质量太好是否有利于你的生意呢？

当灯泡第一次被大规模生产出来时，它们的使用寿命长达2500个小时。

这有利于最初的销售，但显然不利于重复销售。

例如，在1922年，德国的欧司朗公司（OSRAM）在德国售出了6300万只灯泡。

但这些灯泡的使用寿命极长，导致第二年只卖出了2800万只灯泡。

开发更好的产品显然对生意不利。

必须做点什么。

欧司朗联系了其他灯泡制造商，发现他们也遇到了同样的问题。

每个制造商的灯泡销量都下降了，因为他们的灯泡寿命太长了。

制造更好的产品正在阻碍他们的生意。

因此，在1924年，太阳神卡特尔（Phoebus cartel）成立了。

它包括：德国的欧司朗公司、荷兰的飞利浦公司（Philips）、英国的通用电气公司（General Electric Company）、法国的灯具公司（Compagnie des Lampes）、日本的东京电力公司

（Tokyo Electric Power Company），以及匈牙利的通斯拉姆公司（Tungsram）。

各方签署的文件标题为《国际白炽灯行业发展进步公约》（*Convention for the Development and Progress of the International Incandescent Electric Lamp Industry*）。

他们共同决定通过缩短灯泡的寿命来增加市场需求。

因此，在1925年，他们把灯泡的最长寿命从2500小时缩短到了1000小时。

为了确保每家企业都遵守上述公约，灯泡样本会定期在一个位于瑞士的中央实验室里接受检测。

灯泡寿命超过1000小时的制造商将被罚款。

灯泡销量超过配额的制造商也会被罚款。

此举导致了一些问题。

例如，东京电力公司在降低灯泡使用寿命后，销量增长了5倍。

他们不知道是缴纳罚款还是减少产量。

但卡特尔成员们坚决要求缩短灯泡寿命，以此产生重复购买。

飞利浦公司首席执行官安东·飞利浦（Anton Philips）在给国际通用电气（International General Electric Company）一位高管的信中写道：

在我们为缩短灯泡的使用寿命而付出艰苦努力之后，最重要的是，我们不要因为提供使用寿命很长的灯泡而再次陷入同样的

泥潭。

换句话说：我们要努力阻止灯泡使用更长时间，我们必须将这一努力成果保持下去。

直到第二次世界大战，这个卡特尔组织才宣告解散。

当各家公司所在的国家互相争斗时，这些公司就无法控制国际价格和质量协议。

但这一例子确实告诉我们，生产更好的产品可能对生意不利。

生产劣质产品有可能成为更好的生意。

广告行业也是如此，所以我们不要有什么优越感。

几年前，我们常常取笑那些差劲的广告公司，因为这些公司的广告质量很糟糕。

他们的座右铭是："**好的广告就是卖出去的广告。**"

他们只关心客户是否买了它。

他们从来不会想到去问消费者是否喜欢这个广告，或者它是否有效。

他们只会说："**好的广告是卖出去的广告。**"

但现在，你在任何一家广告公司听到的几乎都是："**客户喜欢它。**"

这似乎是广告唯一的职责。

这些广告公司不在乎它是不是次品，只要客户购买就行。就像灯泡的评价标准是它的盈利能力。

他们不是为了制造更好的产品，只是为了赚钱。

⑪ 生命的美元价值

1978年，在美国印第安纳州，三名十几岁的女孩正在去练排球的路上。

她们在一家加油站停下来给她们的福特平托（Ford Pinto）牌汽车加油。

当她们开车离开时，车辆的油箱盖掉落了，所以她们停下车，想把油箱盖找回来。

还没等她们从汽车里出来，一辆两吨重的货车就以50英里的时速撞上了她们的汽车。

油箱发生爆炸，三名女孩当场身亡。

在撞击她们的那辆货车上发现了空啤酒瓶和大麻。

所以，那三名女孩的家人起诉了货车司机，对吧？

错了。

他们起诉了平托车的制造商福特汽车公司。

因为福特知道引起油箱爆炸的原因，而且这一故障很容易就能修好，只需花费11美元。

福特汽车公司承认他们知道这 故障，事实上这一故障此前已经造成了死亡事故，但他们决定不对此采取任何行动。

因此，这是一起一目了然的案子，对吧？

又错了。

福特汽车公司基于成本效益分析为自己对故障不采取任何行动的决定进行了辩护。

根据美国判例法制度，如果修复一个故障的成本超过了这一故障对公众所造成的伤害的成本，制造商就不必修复这一故障。

因此，这就是福特汽车公司的辩护理由。

他们在法庭上提出了以下数字作为自己的论据。

修复油箱故障的费用是每辆车11美元。

但故障可能出现在1100万辆轿车和150万辆卡车上，因此修复油箱故障的总成本可能为1.37亿美元。

而根据福特汽车公司的计算，如果忽略油箱故障，死亡人数可能是180人，受伤人数也可能是180人，被毁车辆的数量可能是2100辆。

每例死亡的成本估计为20万美元，每例受伤的成本为6.7万美元，每辆车的成本是700美元，因此，忽略油箱故障的总成本可能为4950万美元。

因此，得出的成本效益分析结果为，修复故障的总成本是1.37亿美元，而忽略故障的总成本是4950万美元。显然，让少数人死去从经济学的角度上讲是合理的。

福特汽车公司的行为显然是审慎的，在财政上负责任的。

这一论点是基于法官比林斯·勒尼德·汉德（Billings Learned Hand）在1947年确立的一个判例。

其逻辑是，一家公司无法防范每一种可能的情况，因此必须达成一种合理的妥协。

法官勒尼德·汉德将此概括为他的公式：$B < PL$。

其中，B=预防伤害的成本，P=伤害发生的概率，L=伤害的成本。

和大多数算法一样，它假设数字是唯一的现实。

当然，数字不是唯一的现实。

根据这个公式，福特汽车公司被视为无罪。

如果数字是唯一的现实，那问题就结束了，但事实并非如此。

对我们来说，教训是这次审判对福特汽车公司的声誉造成了不可挽回的损害。

人们认为福特汽车公司在制造危险的劣质汽车。

福特汽车公司的管理层被认为是冷酷无情的，对顾客的生命不屑一顾。

为了解决车辆存在的问题，数百万辆平托车不得不被召回，因此没有节省任何资金。

福特汽车公司董事会主席李·亚科卡（Lee Iacocca）遭到解雇。

一年之内，整个平托系列汽车就被抛弃了。

最后一件愚蠢的事情是，在那三名女孩死后六个月，女孩们的母亲收到了一封群发信件，通知她福特汽车公司要召回她的福特平托车。

召回汽车的目的是完成这项花费11美元的安全改装。

用华丽辞藻包装的废话

萨比娜·埃里克森（Sabina Eriksson）和厄休拉·埃里克森（Ursula Eriksson）是来自瑞典的一对双胞胎姐妹。

2008年，她们上了一辆从利物浦开往伦敦的大巴。

司机觉得她们的行为很可疑，于是让她们在基尔服务站下了车。

在闭路电视上可以看到她们沿着M6高速公路的中央隔离带走。

突然，她们跑进了高速行驶的车流中，萨比娜被一辆汽车撞倒了。

两名警察，特雷西·科普（Tracy Cope）和保罗·芬德利森（Paul Findlayson）被派往现场。

英国广播公司（BBC）当时正在拍摄电视节目《高速交警》（*Motorway Cops*），所以这一切都被摄像机拍了下来。

令人惊讶的是，当两名警察赶到时，这对双胞胎姐妹正在平静地聊天。

但是，厄休拉突然挣脱束缚，冲回到高速公路上，被卷入一辆时速50英里的卡车的车轮之下。

之后，萨比娜跑上高速公路，径直撞上了一辆时速70英里的汽车。

在录音中，你可以听到警察在对讲机中用刺耳的声音喊道：**"请救护车到现场，我们这有两个可能死亡的人。"**

现场也有其他人在讲话，**"上帝啊，你以前见过这种情况吗？"** **"没有人能活下来"** 以及 **"她像布娃娃一样飞到了空中"。**

但更让他们吃惊的是，他们发现姐妹俩都还活着。

厄休拉的双腿被卡车压断了。

但她开始咒骂，抓挠，并向警察吐口水。

之后，萨比娜也开始尖叫和打斗，她一拳打在特雷西·科普面部，然后跑回高速公路。

五名大汉才把她抓住并按倒在地。

警察成功用手铐铐住了她，姐妹俩都被注射了镇静剂，并被送往医院。

厄休拉被留在医院，萨比娜则被逮捕，但随后被允许离开。

神志不清的她在街上徘徊，寻找她的妹妹。

她遇到了正在遛狗的格伦·霍林斯黑德（Glenn Hollinshead），

并停下来抚摸那条狗。

他们聊了起来，格伦·霍林斯黑德碰巧是一位训练有素的护理人员。他问她是否愿意用他的空房间，并说第二天他会帮她查看各家医院，寻找她妹妹。

但第二天她把他捅死了。

她拿着一把锤子离开了，然后沿街走着，一路用锤子砸自己的头。

司机乔舒亚·格拉塔吉（Joshua Grattage）看到她的举动并试图阻止她，但她用口袋里的一块瓦片击倒了他。

然后她跑到A50公路上方一座40英尺高的立交桥上，跳了下去。

她双踝骨折，颅骨骨折。

警察以谋杀罪逮捕了她。

厄休拉和萨比娜拒绝发表评论，检查显示她们体内没有药物。

专家们无法就这对双胞胎所患何种疾病达成一致。

他们争论这是**"感应性妄想性障碍"**还是**"急性多形性精神病性障碍"**。

但格伦·霍林斯黑德的哥哥加里·霍林斯黑德（Garry Hollins-head）提出了一个不同的问题：萨比娜在试图三次冲向高速公路车流之后，明明已经被逮捕，为什么没多久就被允许离开？

当她疯狂地尖叫、咒骂、吐口水和打人时，五个男人才把她按倒。

如果她没有被释放，至少他弟弟还活着。

官方的答案是，她曾接受了三位专家的检查：一名警局的外科医生、一名精神病医生和一名社会工作者。三位专家认为她不会对任何人构成威胁。

因此，三位专家没有发现那些连普通人都能发现的问题。

反复冲向车流的人会让正常人感到不安和危险。

但拥有职衔的专家有权发表胜过常识的意见。

因此，我们被迫听取专家的意见，即使常识告诉我们专家是错的。

即使一切都告诉我们这不过是用华丽辞藻包装起来的废话。